SUEÑOS

ANTOLOGÍA POÉTICA

Con
Autores de varios países.

Primer concurso de Poesía
QM Editorial 2015

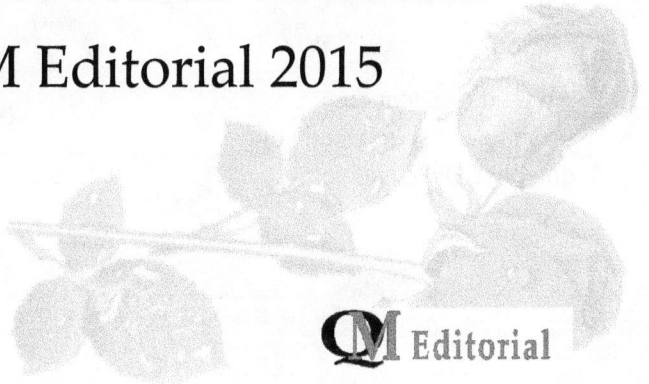

QM Editorial

Copyright © QM Editorial 2015
Diseño y foto Portada: GeliCreations©
Maquetación-Orto-tipografía: Àngels Martínez Soler
angels.martinez@gmail.com

Primera Edición
Noviembre 2015

ISBN: 978-1-943680-96-2

QM Editorial
EIN: 46-2472728
Elkhorn W – 53121
EE.UU

www.editorialqm.com
jqaamerica2012@gmail.com
qmeditorial@gmail.com

Cada poema es único. En cada obra late, con mayor o menor grado, toda la poesía. Cada lector busca algo en el poema. Y no es insólito que lo encuentre: *Ya lo llevaba dentro.*

Octavio Paz *(1914-1998)*
Poeta y ensayista mexicano.

Dedicado a todos los que aman la poesía.

Prólogo

Nuestra editorial, nació en su día de la mano de dos escritores y poetas, que desde sus inicios en las redes sociales, han pretendido crear un mecanismo con el cual tender la mano para guiar y ayudar a quienes como ellos aman las letras, y que su sueño es verlas un día publicadas. A tales efectos surgió QM-Editorial, para que los escritores con pocos recursos, como nosotros, no vieran morir sus sueños en el intento de publicarlos y siguieran trabajando y escribiendo, para que sus obras no se pierdan en el olvido de las páginas virtuales, donde suelen publicar muchos de sus trabajos.

Nosotros hemos querido siempre, que esas ideas se convirtieran en realidad, trabajando con ahínco, ilusión y profesionalidad y ajustando costes al máximo, para que ese sueño no fuera un imposible.

Esta Antología a su vez, fue ideada al mismo tiempo que el 1er Concurso de nuestra Editorial, con la finalidad de dar una visión al mundo literario, de lo que se puede lograr cuando se unen el talento y los deseos de ayudar a la comunidad.

La Antología, estará a disposición de todos los autores que eligieron participar en ella, al aceptar las bases del concurso de poesía y que cumplieron con las normas establecidas al efecto, todos ellos podrán comprar el libro a un coste ajustado para ellos. Queriendo con esto contribuir a que sus letras sean publicadas y divulgadas, en el que será seguro, un magnífico recuerdo de sus actividades poéticas.

QM Editorial
Jesús Quintana Aguilarte y Àngels Martínez Soler
Editores.

Por esta senda

La tarde con su corazón de azogue
hace nido en la garganta
dibujando su ausencia en las graderías.

Tal es la calma y el sueño;
tal es la separación y el repliegue de alas.

Sobre esta nave blanca
grabas tu congelada lumbre
tu ojo-fuego de pasajera permanencia.

A qué sepulcro huyes con tu resplandor
crujiendo en el marfil ignorado de los abismos.

Cuando caiga el manto plomizo
y las piedras crepiten
en agitada sucesión de ecos

una lámpara se derramará sobre la hierba
desplegando su espiral infinita
en una secuencia de diagramas soñolientos
poblada la distancia por fantasmas que titilan.

Alejandro Vivas Ramírez
Michelena, Edo. Tachíra -Venezuela

Coloquio con Girondo

De acuerdo.
Un tren se descarrila sobre la mesa
espantando las palomas del mantel
y la ventana busca con ansias
un ojo menos irritado.
¡Gracias!

Insisto en sacudir toda vida
de este traje de difunto
Disculpen, me voy de fiesta
      No me esperen.
Este muerto siempre llega
tarde a su velorio.

"Nunca sigo un cadáver
sin quedarme a su lado.
Cuando ponen un huevo,
yo también cacareo."
Dice Oliverio –

Pero a menudo si un burro rebuzna
me ciño una corbata de ortigas
y le arrojo besos a mi vecina.

¿Cuántas veces me habré engañado
buscando un anillo con el cual anclarme
a la tierra?

"Basta que alguien me piense
para ser un recuerdo."
Cuánta razón tienes Oliverio.

Alejandro Vivas Ramírez
Michelena, Edo. Tachíra –Venezuela

Alzo mi estatua de temple parroquial

Alzo mi estatua de temple parroquial
empapado de la más inquieta penumbra.
Se hace duro este oficio
cuando la lámpara rechina y
una bestia de insondable talle se despereza
sobre las cadenas del tiempo

La aparición trae consigo
una mujer de larga caderas de caravana
vestida de siglos y noche equinoccial:
es un Sol sostenido en plano cartesiano
sobre un ojo de vapores meridionales

Atado a mi última ceguera
hallo un n Padre nuestro
en el fondo de un cuenco de cenizas
donde Ella desdobla sus tres caras y
de pecho a pecho la herida llega

Re bemol de mujer diamantina
cimbrada a la noche de mis ojos
tus perlas de arcilla cuelgan de la lengua;
la lagrima atardecida viste de oleaje el cuerpo
llagado de los Santos

Mujer corazón de almendra
todo lo que nace en ti
abre las puertas con voz de orfebre
a la víspera única
de las lomas desolladas a golpes de viento
Y es el beso imperfecto
un fallo gramático
en la apacible geografía
de tus labios.

Alejandro Vivas Ramírez
Michelena, Edo. Tachíra –Venezuela

Tal vez sea una nueva grieta

Tal vez sea una nueva grieta
una reyerta de la oscurana.
Al giro - un twist - del camino
de verdes zarzales inocuos
entre el salitre y la ladera
me desvanezco para ser
el agua que se vierte
sobre una página en blanco
cuando el acto se consuma
pierdo la consciencia y
me sorprendo hecho de madera.

Alejandro Vivas Ramírez
Michelena, Edo. Tachira -Venezuela

Hay golpes en la vida.

Hay golpes en la vida que son fuertes
no sé explicar,
nos hacen heridas que jamás cicatrizan,
son pocos, pero son,
los que nos abren el pecho,
los que nos dilatan las pupilas,
los que nos hacen que hagamos un gesto,
que nos denuncie por sí sólo.

Se pierde la fe y la ilusión,
se agiganta la nostalgia,
se hace más pesado el dolor.

Hay golpes en la vida,
del que el tiempo no encuentra espacio,
que te haga por lo menos el intento de ser fuerte,
te vuelves hacia ti como si te miraras
no basta por fuera sino por dentro
quieres delimitar esos golpes
que te han llegado como una bofetada.

Armando Arzalluz Carratalá.
Cubano -Español

No te rindas

Cuando las cosas vayan mal,
como a veces pasan,
cuando el camino se ponga
cuesta arriba,
cuando tus caminos mengüen
y las dudas suban
cuando quieras sentir tu corazón
con toda fuerza,
álzate y enfrenta la vida,
no te rindas.
Cuando creas
que no puedes continuar,
busca en tu interior tu lenguaje
y tu manera oculta,
alza la vista y ve a tu alrededor
que sólo tus problemas
no son los más fuertes.
El optimismo se crea
en tu manera de pensar
un poco con ver las cosas.
Tiene límites no vamos a negarlo;
pero puedes alargarlo,
así pasa con el dolor,
que a veces crees más intenso
si no te rindes se hace pequeño.
Cuando pienses que no puedes,
busca el paso seguro
en tu imaginación
entonces la fuerza brota,
no te das cuenta
sólo hasta cuando el tiempo pase.
que fuiste fuerte y valiente.

Armando Arzalluz Carratalá.
Cubano -Español

Que me digan aventurero

Que me dicen aventurero
tal vez lo soy,
pero no pienso en escenarios grandes,
ni en espacios tan abiertos,
fuera de la realidad.
Tal vez soy aventurero
porque sueño con esas pequeñas cosas
que alimenta el alma y hoy poco a poco
se van perdiendo.
Sueño con el amanecer de un nuevo día,
para dar mis fuerzas y mi voluntad,
para crear en el sentido más amplio
donde la obra humana tenga su valor.
Hoy se ha perdido parte,
se piensa que todo lo puede el señor amarillo
nos perdemos y nos alejamos,
de todo el placer que nos llega,
al recibir una mirada tierna,
una caricia de alguna otra cosa que tiene vida.
Entonces que se me diga aventurero y soñador
no dejaré de ser como he sido y soy
porque al final del camino si lo hago,
me habré perdido yo.

Armando Arzalluz Carratalá.
Cubano -Español

Inicio el camino...

Inicio el camino hacia la luz,
para ver si existe un mundo mejor,
lejos de todas las cosas adversas,
que hoy encontramos en nuestra tierra.
porque tengo sed de la tierra,
para calmar anhelos y esperanzas,
para sentir su humedad,
cobrar fuerzas nuevas,
tengo sed de la tierra,
de sus amaneceres,
sus anocheceres,
tengo sed de la tierra,
de la mirada tierna,
de la mano que se extiende
del aire, del sol y de todo,
tengo mi alma, mi conciencia,
libre de manchas, de impurezas,
porque puedo amar libremente,
abiertamente, apasionadamente,
en esta tierra.

Armando Arzalluz Carratalá.
Cubano -Español

16

Heroínas

Heroínas, somos universales
mujeres del planeta que avanzamos;
heroínas, pues valientes amamos
en medio de lo adverso y tantos males.

Heroínas, matrices de este mundo,
defensoras de nuestra dignidad,
protectoras de toda humanidad,
heroínas que buscan lo profundo.

Heroínas del llanto y de la risa,
no tememos lanzar la carcajada;
heroínas con la paz por divisa,

de la entrega total, a todo o nada.
Heroínas del amor, suave brisa,
heroica nuestra vida liberada.

Beatriz Villar
Argentina

Cuanto más simple, más brilla

Mi verso es de barricada
como piedra combatiente
lanzada veloz y urgente
mi palabra enamorada,
porque vivo a todo o nada
y así me gusta vivir,
es mi modo de parir,
mi pasión comprometida,
desbocada y desmedida,
así entiendo mi existir.

¿Para qué he de andar buscando
el término más bonito?
¿Para qué si el infinito
reside en el estar dando?
He de seguir caminando
a mi manera sencilla,
imperceptible semilla
subterránea e invisible
que transforma lo imposible;
cuanto más simple, más brilla.

Sin poses artificiales
ni veleidades de rara,
mi razón desenmascara
los humos superficiales.
Himnos eternos, triunfales
brotan de mi verso puro,
alejados del oscuro,
del soberbio temerario;
el humilde es visionario,
es pueblo, es amor, futuro.

Beatriz Villar
Argentina

La paz, encendida tea

¿Será la paz un calmo oleaje?
¿Será quietud, casi la muerte?
Creo, es la lucha del que acierte
por donde continuar el viaje.

La paz es búsqueda incesante,
acción valiente en pos del bien;
pues vale uno más que cien
si alza la voz perseverante.

¡Oh, paz!, dinámica tarea
del sabio y su coraje en flor;
sabiduría, haz que vea

que somos dignos, de valor.
La paz es encendida tea
que empuño, armada de amor.

Beatriz Villar
Argentina

El horizonte es el mañana.

Escalones, escalones de madera
que conforman un camino a recorrer,
al costado del camino puedo ver
verde prado, sutil primavera.

Tentador arco de triunfo luminoso,
una puesta de sol anaranjada,
piedras pequeñas, roca escarpada,
paisaje bello, ¿será engañoso?

¿Será una ilusión?, ¿la fantasía,
el espejismo del oasis del desierto?
¿Será la vida, o es que estoy ya muerto,
o agotada en sutil agonía?

De cualquier modo, he decidido
avanzar, porque la luz me llama,
creo que el horizonte es el mañana
del que su cobardía ya ha vencido.

Beatriz Villar
Argentina

Poema clasificado en "Tercer lugar"
1er. Concurso de Poesía QM Editorial 2015

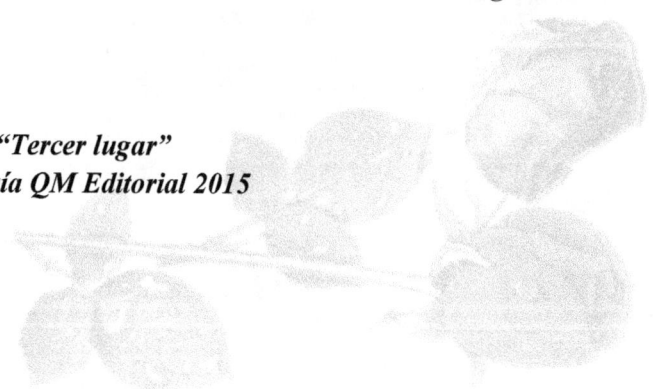

Me iré

Posiblemente sientas un gran alivio
pues, no te significo ni un poquito,
me siento dentro en un laberinto.

Coloqué mis alas en tu regazo,
dándome a ti como un regalo,
imaginé contigo un largo camino
yo a tu lado, y tú al mío.

Caminé a ciegas literal,
cavando mi tumba al final,
dejé de oír a la razón,
por escuchar al corazón.

Partiré muy lejos este día,
sentiré en la cara la lluvia fría,
aunque sé que no te importaría,
que yo me vaya de tu vida.

Me iré muy lejos de tu vista grata,
caminaré bajo la tormenta helada,
veo que de mi no te importa nada,
dulce niña que me dio la espalda.

Dejaré de escribirte vida mía,
hacia un abismo camino a su orilla,
para caer en la llama encendida,
y terminar con mi triste agonía.

Bertha Nicté Bautista Navarrete.
Distrito Federal-México

Testigos

Observa...
que la naturaleza es testigo,
mira... las aguas en ese río.

Recuerda...
que mi amor por ti es eterno,
que se aproxima el invierno,
y mientras estoy en silencio
terminar mi duelo no puedo.

Descubre...
que las estrellas son testigo,
que aún sueño contigo, y
en el más profundo de ellos,
beso tus manos y te pido:

"Por favor quédate conmigo,
mira al cielo, mi testigo,
que yo te espero y no te olvido".

Bertha Nicté Bautista Navarrete.
Distrito Federal-México

Todo con amor

Tú que siempre me acompañas.

Esas tus manos, de artesana,
tan blancas, tan cuidadas,
eres de un cuento de hadas
mi dulce abuela tan amada.

Esas manos que sostienen,
esas manos que mantienen
fuerza y gran valor,
dentro de mi corazón.

Tú que siempre me acompañas,
porque recuerdo tus enseñanzas,
quien me cuida y me protege,
aunque ya no estés presente.

Recuerdo bien ese día,
en que se fue un trozo de mi vida,
manos que curaban mis heridas,
y me llenaban de caricias.

Manos que han partido,
manos que se han ido,
manos que han caído,
ya no escucho su latido.

Sólo tengo en mi memoria, a
una mujer fuerte y victoriosa,
también cálida y sensible,
pero sobre todo humilde.

Todo hecho con amor,
sus manos y su calor,
ahora yo estoy aquí,
porque dio sentido a mi existir.

Para mi madre que amó tanto a mi abuela.

Bertha Nicté Bautista Navarrete.
Distrito Federal-México

Cielo escarlata

Al desvanecerse el sol,
hay voces, rocas y huellas,
hay caminos y sus veredas,
bajo el cielo rojo del sur.

Rosales en la maraña,
pájaros sobre aquel río,
parece un bello desafío,
la selva junto a la montaña.

Al despedirse del sol,
mira bosques, rosas y estrellas,
oye canciones y le escribe poemas,
bajo el cielo escarlata de amor.

Amanece en el horizonte,
la brisa descansa en la colina,
distingue la luz con alegría,
y marcha a los manantiales.

Por los caminos del sur,
ha andado desde su pueblo,
porque le falta un lucero,
y ese lucero eres tú.

Rosales por la mañana,
pájaros cantando al río,
es un amor puro y limpio,
la selva con su montaña.

Bertha Nicté Bautista Navarrete.
Distrito Federal-México

Conjeturas en el aire

Pasan los días, las horas son sólo un juguete del tiempo transcurrido.
Preguntas sin respuestas, y el camino se achica al vernos pasar.
Tratamos de sobreponernos, el peso nos doblega, nuestra incompetencia es visible a ojos vista.
Donde caímos, nació una flor marchita, el sol quiso pero se detuvo en su carrera.
No estamos solos, no obstante la tristeza nos cobija.
Amigos son lo de antes, afirma el zorro viejo, su razón florece bajo la luz lunar.
Ya nos acercamos, el comienzo llegó a su fin.
Risotadas envuelven el bosque encantado.
Ellos, nuestros ancestros, ya están festejando.

Beto Brom.
Maalot, Israel

El amanecer

La mujer calló. Dejó hacer. La puerta se cerró tras él.

El domingo amaneció nublado., la tarde llegó con retraso.

Noticias no fueron comentadas.

Los días pasaron. Al igual los veranos, y sus inviernos.

Quiso expresarse frente a las primeras preguntas, la vergüenza se lo impidió.

La presión aumentó, al punto tal, que la congoja ocupó su corazón.

Tampoco aquella segunda vez, logró contestar; careció de fuerzas para ello.

Temió que no habría una tercera posibilidad.

La decisión llegará. Ellos cumplirían lo pactado.

Ella también había dado el sí requerido.

Beto Brom.
Maalot, Israel

Buen día, mañanita...bienvenida

El sol remplazó a la Luna, cansada de su trajín
El tenue rocío protege las flores aún dormidas
Algunos pajarillos madrugadores atreven con sus suaves trinos
Un viento acogedor mece con cariño las hojas de los añejos árboles
Los rayos de luz invaden la campiña que se despereza
Y una nueva mañana exclama contenta...
¡Estoy presente!

Beto Brom.
Maalot, Israel

El Ruido del silencio.

Cierta vez, no se escuchó el sonar de la campana
ni tampoco el canto del pajarillo.

Cierta vez, el sol no amaneció
ni tampoco brilló la luna.

Cierta vez, el mar no trajo las olas
ni tampoco llegó la marea.

Cierta vez, nada pasó
ni tampoco alguien se percató.

Cierta vez, el mundo llegó a su fin
y nadie lo lloró.

Beto Brom.
Maalot, Israel

Amigo mío

Que tu enfado dure lo que dura un beso
pues no quiero peso en este mi verso
si cometí errores, siempre fui yo esa
deposito yerros sobre aquesta mesa.

Mis palabras nunca fueron de mentira
aunque sí que duele este afloja y tira
y es que tú no sabes todo lo que pende
ni como me muevo ni de quién depende.

Silencios que callo, sonidos que oculto
de este andar muriendo y parar sintiendo
esperar rimando en vil mundo adulto.

Y seguir temblando si te voy perdiendo
no debo pedirte otra vez indulto
Mas no te me vayas…, que te estoy queriendo.

Carmen Ballester
Valencia - España

Horizonte

Como aquel navegante
que no creyó hubiera fin
tras las aguas el confín
ni monstruo allí amenazante.

Así paseo en la orilla
pensando si tras el mar
podré llegar a tu lar
o a esa luz que me brilla.

Mas yo no poseo barca
tampoco miedo a la parca
sólo queda mi sentir.

El cual nunca va a morir
nadaré buscando ir
a tus brazos y a tu marca.

Carmen Ballester
Valencia - España

Momento

Esta mañana baila el sol en el ambiente,
a inundar mi interior con su presente,
finalizó el llanto y tú latente,
bajaré a la calle y temblaré paciente.

Es mi vida que se llena de belleza,
y es tu cielo que se acerca hasta mi suelo,
y es tu vuelo que pondrá fin a mi duelo,
brillará de la nada la esperanza.

Me voy, me quedo, ¿Qué es lo que pienso?
sin ti no vivo, duermo y resisto,
con él no sueño, callo y habito,
pero sólo yo, sé lo que siento.
¿Serán cadenas, o cobardía?
mas tú haces trizas todos mis miedos,
y en alegrías tornas aquellos tedios,
es el momento, noto en la brisa tu gallardía.

¡Dios!!! Ya te veo, por fin ya vivo, por fin ya muero,
me paralizo, mi voz aboga,
es mi razón que no razona, mi corazón que se me ahoga,
y es que aprendí que yo,… ¡te quiero!

Carmen Ballester
Valencia - España

Shangri-la

Quién Peter Pan fuera
para dejar de crecer
y embarcarse en poesías
que me iluminen los días
a pensar con tu querer
hasta que la noche muera.

En la mañana versar
para huir a tus brazos
campanilla que se estrella
nunca sentí piel más bella
y el calor de esos abrazos
donde mirarte es vibrar.

Amarnos como dos niños
sin temor a terminar
que esa palabra no existe
sí eres tú quién me desviste
esos dedos a trovar
y en los ojos bailen guiños.

Pirata de éste que sueño
luz cuando desvelo
oscuridad con anhelos
realidad lejos de suelos
estrofas sin ya más velo
pues te consta, eres mi dueño.

País de Nunca Jamás
quizás no exista la vuelta
restémonos siempre ahí
en este reino de allí
de letras tras puerta abierta
aquí, allá, así, todo y…, mucho más.

Carmen Ballester
Valencia – España

Canto a mi pueblo

En aras del dolor, -canto a mí pueblo,
y en mi canto quiero contar su tristeza
desesperado quiero llenarlo todo con mi llanto,
o con el grito del que reclama y no lo escuchan.

Que mi canto lleve todos los mensajes
de los niños que están desamparados.
los ancianos olvidados y maltratados,
y el de los hombres, explotados u oprimidos

Acongojado, por el dolor y por las penas,
de la gente que está desesperada;
porque la dejan sin trabajo o la marginan,
o le quitan su presente y su futuro...

Salgo a cantar y reclamar por todos ellos,
por los más débiles y por los que no pueden hablar,
vengo a pedirle al mundo y a los gobiernos,
que es necesario, que acaben -con tanta injusticia.

Porque yo he visto: que la pobreza es provocada,
por los gobiernos que derrochan o que oprimen
por los países que se abusan o que despojan,
a los más débiles cuando logran someterlos.

Porque hay gobiernos y hay leyes abusivas,
que saquean y que oprimen -a la gente indefensa;
y le quitan su libertad, sus bienes y sus tierras,
o la empobrecen -hasta que están en la miseria.

Nadie podrá negar de la injusticia,
que cometen los tiranos que gobiernan;
cuando se embarcan en planes fabulosos
mientras matan de hambre, -a todo su pueblo.

Canto a mi pueblo con mi bronca y mi tristeza,
con la pasión, y con la fuerza de mi último aliento;
con la esperanza -de que alguien al escucharme,
pueda llevar este mensaje "a todo el mundo".

Si hay un alma sensible que me escuche,
o que entienda del clamor que hay en el pueblo;
quiero que lleve esta consigna a casa hombre,
por la justicia -hay que luchar eternamente.

Cesar Tellería
Córdoba-Argentina

Dioses de barro

Hasta cuando el hombre -seguirá creando,
en medio de su necedad y su ignorancia;
la fama, el dinero y el poder ilimitado,
de tantos hombres que se han creído dioses

Dioses de barro que gobiernan nuestras vidas,
porque atropellan, asesinan, o nos humillan;
son estos dioses los que hacen tanto daño,
porque manejan los recursos y el mundo.

Vosotros mismos habéis hecho esos monstruos,
y a la medida hay dictadores y tiranos;
también hay reyes -que nacieron -en cuna de oro,
y empresarios, deportistas, modelos y artistas.

Y ni que hablar, -de los dueños del dinero,
que gozan de la vida -porque tienen demasiado;
pero hacen su imperio con el dolor y la desgracia,
en la que viven -todos, los que son explotados.

Que no haya -más dioses, ni divinos señores,
viviendo entre alfombras o en lechos de rosas;
mientras hayan otros seres -viviendo en la miseria,
o niños enfermos -de inacción o de tristeza

¡Que tiemblen todos los inhumanos represores!,
que los condenen los nobles corazones;
que caigan trizas los tronos pertrechados,
para que acaben -en paz..., los dioses de bar

Sólo quisiera.... que quede con nosotros,
el dios de amor, el dios de nuestros padres,
para que haya esperanza y haya justicia,
para ti,.... ¡Oh, humanidad! -extraviada.

Cesar Tellería
Córdoba-Argentina

Para ti humanidad

¡Para ti, humanidad!, -para ti, -yo escribí todos estos versos,
para ti -porque en mi alma, -viven locos sentimientos
quiero dejarlos salir... y que empiecen a volar...
para que puedan llevar -mis mensajes a todo el mundo,
¡Para todos los que luchan!...-¡por el bienestar humano!-.

¡Para ti, humanidad!, -para ti pido y reclamo,
le pido al ser más soberbio y al alma más egoísta,
que abra su corazón y tienda su mano al prójimo;
y si quieren que nuestro mundo: -sea justo, sea humano,
"Que compartan sus riquezas y que depongan sus arma

¡Para ti, humanidad!, -para ti yo necesito,
construir una corona: con laurel y con olivo;
como su lema el amor y como himno el suspiro;
como alegría la vida, como esperanza los niños;
Que el hombre encuentre justicia y pueda vivir en paz.

¡Para ti, humanidad!, -para ti son estos sueños,
de tantos hombres que luchan -por el bien y por la paz;
para darte con cariño -lo mejor que ellos tenían,
hicieron sus obras buenas por amor a los demás;
y ellos ofrendaron sus vidas -por alguna causa justa.

¡Para ti, humanidad!, -para ti, -Dios hizo el cielo,
para que puedas un día: -poblar todas sus estrellas;
para ti humanidad, para ti, -creó la tierra;
y para que puedas vivir en libertad y armonía,
tú necesitas tan sólo: -poner buena voluntad.

¡Para ti, humanidad!, -para ti -yo necesito:
que el mundo siga su rumbo, -de paz y de libertad;
que el hombre -encuentre el camino, -de bienestar y progreso;
y para que él, -pueda alcanzar, -la felicidad y la alegría:
se necesita -tan sólo... -que todos AMEN LA PAZ...

Cesar Tellería
Córdoba-Argentina

La escalera que conduce al éxito

Allá a lo lejos…en lo alto, de una montaña dorada,
hay una escalera larga que nos conduce al éxito y la gloria
pero para llegar a ella, debes vencer mil obstáculos,
y caminar sobre cardos y espinas, difícil de desandar.

Allá…muy cerca del prado -hay una avenida muy ancha,
que tiene de toda clase, de diversiones y servicios;
que tiene un abismo sin fondo que no se nota al caminar,
y él, te conduce al fracaso, la muerte o la perdición.

Así recorrer el camino, que nos conduce al éxito o al facaso,
no es tarea sencilla, si uno no tienes ganas de luchar y de ganar;
si uno no tienes un sueño y una pasión muy grande que lo ayude;
es una tarea difícil de lograr sin una razón verdadera para luchar.

Por eso es necesario que te tomes el recaudo y te plantees una meta,
y sin miedo de fracasar, empieces a caminar y hacer camino al andar;
pero sin prisa y ni pausa, caminando, caminando, llegarás hasta el final,
y así tú veras algún día…coronado de éxito, tus sueños realizados.

Que allá lejos, allá en lo alto, está la montaña del éxito,
que la alcanzan solo aquellos, que trabajaron para ello;
que dedicaron su vida para hacer realidad sus sueños,
que para alcanzar sus metas, usaron todos sus talentos.

Hay una luz encendida esperando tu llegada;
en el cerro de la gloria que está a final del camino;
te quedan siete escalones para llegar al portal,
que tiene un marco adornado con laurel y azucenas.

En el primer escalón debes dejar la pereza,
en el segundo la envidia, -no debes llevarla más;
en el tercero los odios, no deben subir contigo,
en el cuarto el egoísmo debes quedar en el camino.

En el quinto dejarás, la vanidad que te quede,
y en el sexto dile adiós, al orgullo y la soberbia;
porque en el séptimo escalón solo te debe quedar
amor, ternura y bondad, brotando de tu corazón.

Cesar Tellería
Córdoba-Argentina

Oda al Amor

Amor, eres fuerza irrebatible cual ninguna
Eres la arrolladora influencia que domina
Y anulas el altar de la razón en su tribuna
Con tu brillo ofuscas a todo el que camina
Eco enceguecido de ilusiones y fervores
Agitas febrilmente los nobles corazones
En silencio vas regalando tus fulgores
A veces te alimentas con las sinrazones
Existes, avanzas y reinas con tu nombre
Desnaturalizando la verdad del hombre.

Se impone tu esencia en la sutil belleza
Que convierte la razón en sentimientos
Con la inusitada y diamantina sutileza
Impulsas nuevos y bellos pensamientos
Que forjan aquel nido lleno de pujanza
En el centro mismo de toda personalidad
Fulgura vibrando la luz de la esperanza
Con miras al alto faro de la inmortalidad
Y entonces nacido creces en pura calma
Para instalarte en los andamios del alma

Es tuya la suavidad de las gotas de rocío
Te vistes de colores desde el amanecer
Y en el murmullo que emite la voz del río
Se sumerge el encanto de santo florecer
Misterios cantando van y bailando vienen
Quienes sueñan disfrutar la suave caricia
De aquellos seres que saben y que tienen
La cálida certeza de tu visita y tus pericias
Así, tú has venido desde el cielo para mí
Imbuida en tu sustancia es la Oda para ti.

Elsy Alpire Vaca.
Cobija (Pando) Bolivia

Al Niño Sol: *Jean Pier en su primer añito.*

¡Llegó el día de tu fiesta!
Hay en el aire sutil del bello ambiente
Vibrando están los ángeles celestes
Que despiertan felices de su siesta
Para celebrar la luz de tu destello.

Al Niño Sol en este día
Lucen sonriendo los fulgores
Con la miel de intensa algarabía
Cantando están para ti, los ruiseñores.

Eres de la vida la alegría
De los sueños, la esperanza
Del destino la utopía
De la suerte, la más grande bendición.

Cuando mires las estrellas
Acuérdate de mí
Porque en cada una de ellas
Hay un beso para ti.

Que Dios y la vida te concedan
El camino más florido de este mundo
Y las glorias del amor profundo
Alimenten tu alma cada día.

Niño Sol,
Que la belleza de tu inefable sonrisa
Perdure siempre por la eternidad
Que la dulzura de tu inocente mirada
Sean el mágico signo de tu felicidad.

Elsy Alpire Vaca.
Cobija (Pando) Bolivia

¿Dónde estás que no te veo?

Te busco y no te encuentro
te canto y no me escuchas
te llamo y no respondes
¿Dónde estás que no te veo?

Te extraño y no regresas
Te escribo sin respuesta
Te espero y nunca llegas
¿Dónde estás que no te veo?

Te dije que te amo
Tú me olvides si te llamo
Te miro y no me ves
¿Dónde estás que no te veo?

¡Dónde estás que no te veo!
Me pregunto cada instante
Mi alma dice sollozante
Que ya vienes y no creo.

Elsy Alpire Vaca.
Cobija (Pando) Bolivia

Al Joven de hoy...

Saca a relucir la luz de tu nobleza
Por mucho que digan que molesta
No ocultes tu energía y tu grandeza
Y haz de tu destino innovadora gesta.

Eres joven y está en tu fuerza la verdad
Por más que digan que no tienes experiencia
Es tuyo el momento y la oportunidad
Muestra que en tu alma habita la conciencia.

Tu vida solo tuya es, y siempre lo será
Corre, vuela y álzate flameando tu bandera
Ensancha los caminos de paz y libertad
Rompe esquemas, reglas y barreras.

Eres la fragancia sutil de nuestra sociedad
No temas si tu mente se llega a equivocar.
Pues no se hace patrimonio ni heredad
Sin haberte caído y volverte a levantar.

Eres reflejo del sol, vida y calor
Llama y grito de amor apasionado
Abre a tu pueblo el íntimo fervor
De entrega y compromiso renovado.

Yo creo en ti joven pandino
Fuente de pureza y sentimiento
En tu fuerza, tus garras y aquel tino
De tus sueños, sentir y pensamiento.
Aplica la inocencia de tu corazón
Al servir, amar, crear y compartir
Nunca desfallezcas y con tesón,
Sé tú, el nuevo paradigma del mejor vivir.

Elsy Alpire Vaca.
Cobija (Pando) Bolivia

Andaba buscando un Poema

Andaba buscando un poema,
para mi alma en desconsuelo,
!si! buscaba un hermoso poema,
que me sacara del duelo,
buscaba entre las estrofas
de poetas y de bardos,
me perdía entre los versos
de tanto loco enamorado.
Andaba buscando quimeras
ajenas, para conformarme,
pero me encontré contigo
y ya no supe que hacía,
¿ Qué buscaba? ¿Qué quería?
¿dónde quedaron las cuitas?
me encontré con mi destino.
Y me remonté a los cielos,
me olvidé de toda pena,
me perdí en tu mirada
y navegué en nuevos versos,
no era a ti a quien buscaba..
!pero contigo me quedo!

Yo, andaba buscando un poema.

Gloria Trejo
México

Poema clasificado en "Segundo Lugar"
1er. Concurso de Poesía QM Editorial 2015

Al menos.

A veces el respirar-estertor
de dudas e intrigas, asemeja
un dolor que se impregna
más y más en las heridas,
y tener que avanzar...
caminar como a escondidas
de un monstruo de mil cabezas,
que al acecho nos vigila
y no caer de ésta cuerda floja
donde parece que a cada paso
alguien, algo, un no sé, la estira,
será este el sino de la vida?
como ser itinerante,
siempre en cuesta arriba,
sonriéndole a las esquivas
miradas lascivas, asesinas,
y en un alarido punzante,
gritar y reclamar agonizante,
al menos una digna despedida.

Gloria Trejo
México

Renacer

Paso a paso las murallas,
van quedando en el pasado,
librando diarias batallas
bajo un cielo nublado.

Quizá hoy te cobija el frío
y en aparente tristeza,
mas jamás estará vacío
un corazón con certeza .

Y no importan los tropiezos
ni las oscuras caídas,
solo indican el comienzo
de nueva etapa en la vida.

Todo lo alcanza el amor,
cubre, alivia y levanta
y a pesar del gran dolor,
mantiene toda esperanza.

Ganadores y triunfantes
somos cada amanecer,
con toda la Fe por delante,
dispuestos a renacer

Gloria Trejo
México

Sino *(soneto)*

Aquí andamos entre el miedo
uno débil, otro fuerte
buscamos el propio sino
creyendo en la buena suerte

En la vida siempre al filo,
sin encontrar la salida,
todos vamos como ciegos
siguiendo el mismo camino.

De la vida hacia la muerte
o de la muerte a la vida
para unos es descendente,
para otros es de subida,
unos le llaman destino,
otros le llaman la vida.

Gloria Trejo
México

El Miedo.

Si me ven con la luz
denme la sonrisa y la
mano
y dejen que vuele abierto.
Ella es la frontera y el
camino
de la armonía, la palabra y la
fuerza.
Más si la sombra alcanza a
mi corazón témanme
puede llevarme a la
victoria,
el horror y la pena.

Gustavo Consuegra Zolórzano.
Helsinki, Finlandia

Nacimiento del poema

Escuchen mi poema
no es mi poema
no son mis palabras
es algo que está creciendo
obsesivo, recóndito
que sufro y temo y no me deja
que digo con voz gangosa
que escribo con manos de profeta primerizo.
Escuchen mi poema
es vuestro silencio,
lo que sabéis y no os atrevéis a decir,
algo como un murmullo absurdo
que se parece a la violencia
y también al amor.

II

Mis palabras crecen
sobre una manta de colores
Nacen en un turbante blanco con zafiro
o quizás sin diademas
o en las manos de mi padre
que golpeaba el yunque y soplaba la fragua
y esperaba y sufría y soñaba
mientras el hambre traidora
no le concedía sueños, ni esperanza

III

Las palabras no son elefantes blancos, son seres vivos
a veces dulces, frescas y juguetonas
pero nunca indiferentes,
las palabras no son inocentes, son seres peligrosos y antiguos
también enturbian, hieren, hociquean, empuercan

Y ponen trampas
no soy yo, en todo caso, quien las escribe
Escuchen mi poema,
detrás de mí alguien las dice y ríe
es ese otro quien musita el poema.

Gustavo Consuegra Zolórzano.
Helsinki, Finlandia

Primeros Versos de la Libertad

La libertad es una mujer
que pare cerca del arroyo
para que su hijo sepa por siempre
a ternura.
La libertad es un pueblo
que canta con guitarras
la cita del amor y la muerte
y después se va,
llevando su nostalgia, su alegría,
sus costumbres con la sabiduría del mundo
debajo de la piel.
La libertad no tiene insignias ni banderas
sino manos y pechos.
No es como mar mezclado de petróleo y sangre
ni aire sulfatado, ni delfines presos.
La libertad se forja cuando voy a la lucha
y la encuentro a usted
y le tomo la mano
y siento que soy libre
porque la libertad es saludar
Por la calle, día a día, la verdad.

Gustavo Consuegra Zolórzano.
Helsinki, Finlandia

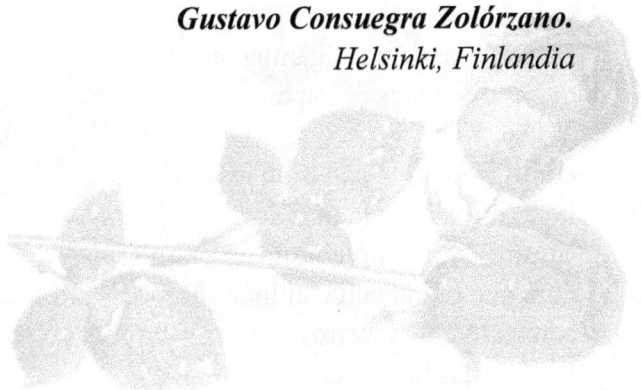

Danza de Vida y Muerte.

Entre los Yaquis antes de morir
los hombres sabios
hacen una danza
que es un resumen de sus vidas
                              A Rahbar

Para que dances
con pies y manos y aire nuevos
para que dances una historia
unas palabras
un poema
El poema que solo tu cargas
con viento de la estepa
con silencio de la montaña
ligero
No como un danzante
sino como un pájaro en vuelo
para que tú danza disuelva
la tristeza de tu pueblo
Uno a uno los granos de opresión
en cada giro
en cada salto
rompiendo
Para que tu danza diga una historia
de las montañas de Zipan
Y la pauses
como si fuera la pausa un tesoro
la describas con la mano
como si el movimiento fuera eterno
para que tu imagen continúe
actuando con nosotros
frente a los tanques

en cada camino dónde
estén quebrándonos la ilusión
Para que dances
y me enseñes a danzar
con tu ira vieja
con tu risa antigua
sobre el mar
sobre las piedras
sobre los arboles
quedándote
Quedándose siempre aquí tu danza
como un regalo, como un lenguaje
que nos das con tu muerte.

Gustavo Consuegra Zolórzano.
Helsinki, Finlandia

Corazón

Corazón de mi corazón,
herida de mis heridas;
si hay algo
que repite tu silencio,
es mi ausencia,
no eres tú.
La ausente he sido yo,
lastimándote.

Tus pies amados
regresan en secreto
sobre mi angustia,
para traerme
la esperanza que perdí.

Que no se apague
tu cantar,
que no se marchiten
las flores
junto al camino,
las que sembraron
nuestras almas,
como campanas azules
que tañera el viento.

Que no se extinga
mi música
en tus ojos eternos,
que yo danzaré para ti
delante de otros dioses.

Dedicado a mí amado Jesucristo

Ingrid Zetterberg
Lima –Perú

Tiernas manos

Niño que fuiste en mi vida
esperanza taciturna.
La plantita incrustada
por tus infantiles manos,
tiene dos ramitas
de sol naciente.

La regué con la fe de tu alma,
y la mimé
con el silencio
de mis lágrimas.

Para mecerte he nacido.
He atravesado
solitarias nubes,
para llegar hasta la claridad
de tu casta vida
a ofrecerte mis rodillas.

Para sembrar contigo
este verdor junto a la puerta.
Ahí yace esperando
tu voz humilde
de infancia dormida.

Y tú la llamarás
por mi nombre,
y jugarás con la tierra
y el agua
como entonces.

En la mística tarde
en que me vaya,
habrá brotado
una hoja melancólica
de Abril.

Mi niño, al fin estoy en ti.
Ya mis ojos
miran por tus ojos;
y en tu mano extiendes
un dulce pan para mí.

Dedicado a mi amado nieto Adrián cuando tenía 4 añitos.

Ingrid Zetterberg
Lima -Perú

Volver

Volver
al sabor de mi patio
en sombra,
donde gobierna
un liláceo atardecer.

Volver
a mis plantas marchitas,
con una que otra flor en agonía.

A mi lámpara nocturna
sobre el libro de Neruda
que siempre cae al alma
con sílabas de quebranto.

Volver a tus miradas;
a tus manos
que intentan ser piadosas;
a tu ir y venir
delante de mis ojos
que te añoran.

A mis escalones
de lluvia y mosaico;
a mi puerta tallada
entre campanas,
que guarda hermética
nuestra historia.

Volver a lo que soy,
a mis deseos.
A mi refugio que alumbra.
A mis noches de oración.

Llevando esta dosis
de ausencia
por doquier;
y una serena tristeza
siempre a cuestas.

Dedicado a mi amado esposo.

Ingrid Zetterberg
Lima –Perú

El arco de la Esperanza

Amado, que te escondes
más allá del sol;
he de cruzar
el ocaso de mi vida
para ir dejando
pétalos de dolor y perdón
en la escalinata del destino.

Tu faz me atisba en la distancia,
tras esa pérgola
de aromáticos jazmines.
Es el arco de la esperanza
que sembraste en mí
cuando desmayaba
mi espíritu, ahogándose,
porque perdía tus promesas.

Sopla el viento en la pradera
y me trae en sus brazos
una flauta triste
que me invita a proseguir
los peldaños que llevan
tus cansadas huellas.

Ingrid Zetterberg
Lima –Perú

¿Sería la puerta hacia el Cielo?

Hasta hoy me lo pregunto, y no tengo la respuesta,
era la puerta del cielo… y yo me topé con ella?
la curiosidad y el miedo, presentes a un solo grito,
se ahogaron en mi garganta, cuando pensé que vi a Cristo!

Era una alucinación, o fue una broma malsana
de los muchachos del pueblo para esta humilde cristiana?
todavía lo pregunto, porque aquello que pasó,
grabado está en mi memoria y lo confieso hasta hoy.

Pasó ya en Semana Santa, me invitaron los amigos,
a visitar San Fernando, un pintoresco pueblito
acomodé mi equipaje, ropa cómoda y casual,
para recorrer la zona dispuesta a *turistiquear.*

Y ese jueves me encontré con un sendero bonito,
eran pasadas las cuatro y miré hacia el infinito,
el cielo cambió el color de azul claro hacia un cobrizo
y en cobrizo se quedó, pero bien alumbradito.

Sentí de pronto que alguien hablaba detrás de mí,
volteo y miro asombrada un terreno a construir,
y no sé cómo ni cuándo afloraron desde el suelo,
como mandadas a hacer… escaleras hacia el cielo.

Al final un arco grande cubierto por bellas flores
y vuelvo a escuchar la voz, gruesa, clara firme y noble,
diciéndome "te esperaba", o eso fue lo que escuché
y me temblaron las piernas, del susto que me llevé.

Presintiendo lo peor, que allí quedaría tendida,
de pronto me eché a correr, sin encontrar la salida,
me arrodillé e imploré por dios mi Dios, dame vida,
lo confieso si he pecado, más no soy una perdida.

De esa escena ya han pasado, si lo pienso, un par de años,
pero siempre la recuerdo, por lo absurdo… por lo extraño,
si fue verdad o fue un juego de esos muchachos malsanos,
pido los castigue Dios, ya no vuelvo a San Fernando.

Iris del Valle Ponce
Caracas - Venezuela

Poema Ganador "Primer Lugar"
1er. Concurso de Poesía QM Editorial 2015

Desde mi ventana…

A solas… callada, sintiendo tanto tu ausencia,
en esas horas menguadas y clamando tu presencia,
buscando en la lontananza algo que te traiga a mí,
como el arrullo del viento, la suave brisa de abril

Y sonrió aletargada, buscando en mis pensamientos,
esa caricia temprana, que me embriagó con un beso,
que se enquistó en mis entrañas, arrullándome los sueños,
siempre y cuando no estés tú, para aquietar mis desvelos.

Y te nombro en el silencio, deseando que estés aquí,
para calmar con tus besos la ansiedad que habita en mi,
esa que tú has conseguido, borrar de mis pensamientos,
cuando estoy entre tus brazos, pues no hay dudas ni tormentos.

Y asomada a la ventana, siento que me besa el viento,
y con su tierna caricia, me estremezco pues presiento,
que pronto estarás aquí, él te acercará a mi puerto,
y ese mar será testigo de que este amor aún no ha muerto.

Iris del Valle Ponce
Caracas - Venezuela

Te mendigo…

Hoy mendigo de ti, tan solo un beso,
hoy le escribo al amor, que me ha olvidado,
que ha incumplido su hermoso juramento,
cuando ayer aún dormía entre mis brazos.

Hoy mis noches no brillan, son oscuras,
y mis días, son grises y sombríos
y el dolor que lacera aún mi pecho,
me condena al odio y al olvido.

Te marchaste de mi sin presentirlo,
me ocultaste que ya no me adorabas
y fingiste hasta el último suspiro
aquella noche cuando me besabas.

Hoy quiero odiarte, pero no lo consigo,
hoy siento tanto amor, tu cruel ausencia,
que quisiera morir… y no he podido,
ni conmigo cumplir esta sentencia.

Solo quiero acallar este tormento,
que me dejó tu amarga despedida,
por eso te mendigo un simple beso,
para borrar tu boca… de la mía.

Iris del Valle Ponce
Caracas - Venezuela

Serás sólo moribunda

Me duele que estés sufriendo, que sientas tanto dolor,
pero debes de ser fuerte, recobrar tu condición,
no ha muerto la primavera, ni tampoco la pasión,
la vela no se ha apagado, ya no sufras por favor.

Ya no vivas de este encierro, echa tu mundo a volar,
como suave golondrina que escapa de su nidal,
busca nuevos horizontes y vientos de libertad,
no vivas de los recuerdos… busca la felicidad.

Recuerdos, sólo recuerdos te quedaron de esa vida,
de ese despertar hermoso que vivías día a día,
ahora debes enrumbarte, aunque estés agradecida
de esas noches de romance que se sienten detenidas.

El tiempo pasa inclemente, no perdona, sigue el rumbo,
y perdemos la frescura, la belleza en un segundo,
se pierde la lozanía y se diluye el rubor…
de ese tesoro que acaba, cuando termina el amor.

En tus ojos la añoranza y esas lágrimas vividas,
se irán como la hojarasca movida por suave brisa,
y una mañana cualquiera, verás como tu sonrisa,
vuelve a brindarte esa luz que tu rostro necesita.

Serás sólo moribunda, sino aceptas tu destino,
la suerte cambió de golpe causando un gran desatino,
ni tu ni yo somos quienes, para torcer hoy los hilos,
de un tiempo que ya se ha ido y quedará en el olvido.

Iris del Valle Ponce
Caracas - Venezuela

Pretendiendo te sigo.

Y tal vez
tome la decisión
de al tiempo dejar.

Sé, sí sé
que si sé
cómo se tensan las cuerdas de la lira
en una noche clara
y como se tienden las redes en el océano

Sabes bien que también conozco
las profundidades marinas
y que quisiera a veces querer más
saberte ahí que te sé.

Prefiero como el trovador
el movimiento y la esperanza
teniendo te sigo hoy.

Hoy quiero ir a tu cintura, al sur de tu vientre.
Tocar la piel tuya y hacerte música (lo mismo que el amor).
Llevar mi carencia a esa entrepierna que posees (también carente).
Ya sabes, nuestros soliloquios de vacíos, que no soliloquios vacíos.
Nadie como nosotros entendemos nuestra sintaxis, la que da la
semántica precisa que establece la única metáfora posible.
A veces pienso que, cuando aumentan los muertos de mi felicidad,
ésta pareciera que no es tan cierta.
Lo real es el sentimiento, la sensación de vacío, la soledad al fin (o
al principio).

En este replanteo necesario estoy.

Ignacio González Tejeda
México

Nieve verde

Ardiente majestad es sentimiento
del gesto al aguamiel del tlachiquero
al gusto siempre al gusto
de formas y sabores ancestrales
arcadas medievales retrasadas
en gárgolas
almenas y espadañas
las torres retratadas monasterios
a veces
rosetones extraviados
en cantos de profana tesitura
las voces
retardadas al letargo
y el nardo
vieja flor
sacra y divina

Telares coloridos
por siempre incrementan los latidos
de mentes elevadas por la savia
los ciclos vitales
en tierra y nieve verde
parece que respiran
y palpitan.

Ignacio González Tejeda
México

Crescendo

Disfruto del regalo
de las noches
latente sensibilidad
tu sexo
me gana lo redondo
(lo convexo)
que muestras a mis ojos
sin reproches

Las luces que bien luces en tus broches
renuevan en la mente lo inconexo
no quiero ya dejar el cuarto anexo
espacio que llenamos de derroches

Despacio como el gris de tus cabellos
que corra el semen como el vino y sus destellos
piropos musicales nuestras almas

El pubis que renueva nuestra vieja alianza
el mismo que sin más me da confianza
ven linda
¿me comprendes?
ya me calmas.

Ignacio González Tejeda
México

Celebración

Luz verde liberada del sujeto
primicia ante los ojos expectantes
la línea de los rayos delirantes
conjuntos redescubren el soneto.

Conozco y reconozco el amuleto
que trina en tan melódicos instantes
caricias celestiales de diamantes
retóricos amantes en el reto.

Las piedras que a lo largo de la historia
nos abren cantarinas el camino
retumban en la puerta sanatoria.

Es tiempo de escalar nuestro destino
quitar lo que le sobra a la memoria
y así poder brindar con un buen vino.

Ignacio González Tejeda
México

Acompáñame

Acompáñame
En la erupción del silencio
que rompe la oscuridad
que habita en la claridad
del que tiene ojos y no ve.

Acompáñame
Como la caricia del sol
que enfría la sonrisa
en la malicia de la mentira
hecha verdad en el discurso
que adormece y mutila
el derecho a vivir.

Acompáñame
Como ese viento que humedece
en el desierto de la libertad
y sofoca la voz
en medio de la justicia.

Acompáñame
En el susurro del estrado
donde el elocuente
sigue cuente y cuente
cerrando los ojos a la razón,
abriendo su boca vacía
en sentimiento de abandono
por su innata cobardía.

Acompáñame
En mi llanto hecho río de sangre
en la promesa juvenil
que buscaba cultivarse
y fueron sembrados

en los prados de la indiferencia…
ardiendo, pero no en deseos
sino en el riachuelo
donde sus cenizas hundieron
escapándose sus sueños… hacia el cielo.

Acompáñame
Como la luz de justicia
que amedrenta,
que lastima y mata
a la orden de quién paga.

Acompáñame
Con la inteligencia que es blasfemia
de quienes piensan y piensan
analizan y analizan
para poder comprender
que un puñado de perros se organizan
y hacen de su intelecto trizas.

Acompáñame
A ver mí espacio, tu espacio
como se pierde en un volado
el águila cae boca abajo
y la cara se ha escondido
para no ser identificado
quedando nuestro pueblo
a merced del crimen organizado.

Será que…
Puede más la organización de pocos,
que ciento de intelectuales
fingiendo inteligencia
mientras la joven autoridad
es secuestrada y mutilada
por la ignorancia organizada.

Acompáñame
Ha despertar de esta pesadilla
pues en mi México no pasa eso
sólo en las películas o alguna
telenovela donde la ignorancia gobierna
y la delincuencia nos cuida,
mientras nos protegemos de la policía
y escondemos de la milicia,
no vaya a ser
que nos priven de nuestra libertad
y nos quiten vida…

¡Pero, aquí no pasa eso…!
sólo en novelas de televisa
donde la Gaviota es millonaria
y la estupidez nos gobernaría.

Acompáñame
A seguir soñando…
Que hoy mi México ha ganado
un Estado de Derecho
en todo el territorio mexicano.

Juan Javier García Aragón
Tijuana-Baja California -México

71

¡Enséñame mi Dios!

¡Vengo ante ti Señor! ¡Mi Dios!
A que me enseñes a perdonar
cuando mi alma haya dejado de amar.
A sanar mi cuerpo y mi pensamiento
en el perdón de mi sufrimiento.

¡Enséñame mi Dios!
A no quejarme de la ausencia del amor
sino a luchar y cultivar sentimientos
que florezcan en amores verdaderos.

¡Enséñame mi Dios!
A buscar tú consuelo
cuando haya sabido escuchar
y brindar mi consejo,
en aquel que va por la vida sufriendo,
y con mi palabra de aliento
brinde a su corazón… esperanza.

¡Enséñame mi Dios!
A vivir la vida con armonía
brindando cobijo a quién necesita,
un bocado al hambriento
un abrazo a quién sienta soledad
en este mundo de oscuridad.

¡Enséñame mi Dios!
A no pedir cuando no he sabido dar
a no pelear cuando sabemos amar
a no quejarme de mi existencia
cuando agradecido debo estar por tener vida.

¡Enséñame mi Dios!
A lavar mis penas con mi llanto
que fortalece mi alma y cura mis heridas
por tanto error cometido en mi vida.

¡Señor!
Hoy toco a las puertas de tu corazón
para recibir tu gracia, tu perdón y amor
y darme la enseñanza de amar
dando amor donde no hay
llevar felicidad donde la esperanza perdida está.

¡Pero, sobre todo Señor!
Enséñame a ser humilde para perdonar
cuando implore tu perdón
¡Tú me lo puedas dar!
Acógeme Señor en tu seno
y llena de gracia mi corazón
en la bondad de tu misericordia.

Juan Javier García Aragón
Tijuana-Baja California -México

Ante ti...

Hoy llego ante ti, ¡Señor!
a darte las gracias por tantas pruebas
impuestas en mi vida,
por todo el dolor que has sembrado en mí,
por las angustias vividas,
y por ese adiós anticipado
que enceguecó mi corazón
arrebatando mi enojo,
¡Al pedirte la razón!
Sin encontrar el eco de tu amor
que en soledad has sembrado en mi vida.

Hoy llego ante ti ¡Mi Dios!
a darte las gracias por tanto, y por nada,
por la nada y el todo del vacío,
tu templo donde te imploro,
donde, sólo... el susurro de la indiferencia
contesta mis plegarias y mis penas
ante tu misericordia que ahí esta
pero que no llego a tenerla...
¡Sí!
Esa que lleva mi vida en esperanza,
¡pero!, que no encuentro
¡en tu cielo!
¡en tu universo!
pero que percibo cerca
en estas horas de desvelo,
en estas gotas de amargo desconsuelo
en la dicha escondida,
en la compañía de la soledad,
que marcaste en mi vida,
desde que me abrigo tu sonrisa.

Gracias, ¡Señor! por tanto,
y por nada…
por tanta prueba, en mi entrega
¡Fortaléceme más!, Mi Señor, ¡Mi Dios!
enviándome más dolor
hiriéndome mi corazón
acompañándome en soledad
abrigándome en tu frio
he iluminando mi camino
con la sombra de tu olvido;
porque he de encontrar
la llama de tu esperanza
que da calor a mi alma
y me guiara por el camino
para llegar ante ti, ¡Mi dios!
con la alegría de mi sufrimiento,
en la felicidad de la soledad
para protegerme entre tus brazos
que me darán el eterno descanso
en la ternura de tu mirar
que has dejado ver en mi vida…
¡Estoy ante ti, mi dios!
ofrendando mi humildad,
mi vida y mi dolor, para llegar a ti… Señor.

Juan Javier García Aragón
Tijuana-Baja California -México

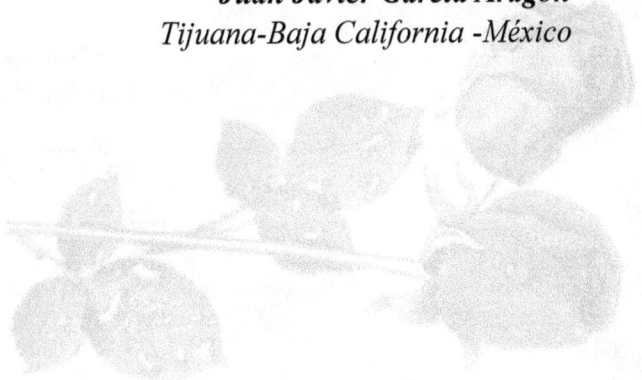

Trascendencia

Si pudiera detener el tiempo
regresar al principio del fin
con aurora renovada,
que faciliten el ascenso a tu alborada
donde el fruto de la siembra
se cosecha en el ocaso de la existencia.

Para renacer el alma, en la sublime pureza
ante tu presencia mi Dios…
¿Cuántos peldaños he de escalar?
Para llegar ante ti ¡Señor!

¿Cuantas tormentas he de afrontar?
Para nutrir mi tierra, ¡Tu tierra, con humildad!
Y veas germinar la semilla de tu esencia
entre el dolor y mi flaqueza.

Pero… sediento de tu amor y misericordia,
con el sufrimiento que llevo a paso lento con alegría
y ascendiendo hasta las puertas de tu corazón.
Buscando el paraíso prometido
al seguir tus pasos Dios mío.

Juan Javier García Aragón
Tijuana-Baja California -México

Misterios sin respuestas

Vientos deshojados triste, todo duele
recuerdos donde mi mente se nubla.
Ese caudal de entrega, sueños perdidos
el ayer de privilegio en esa carga emocional.

Sensibilidad y grandeza del alma espiritual
cristalizando momentos adormecidos,
en las sombras del pasado donde viví
la travesía que perdí tras el horizonte,

Universo escalando misterios sin respuestas
distancias sin descifrar tras espejos rotos.
Vi mi rostro desquebrajado huérfano
la mirada perdida en un túnel sin tiempo.

Quiero despertar de esta tortura
abrir puertas al espacio ver mi futuro,
estar en libertad sin dolor ser yo
ir en la búsqueda de la realidad, del hoy.

Laura M Granado.
Buenos Aires Argentina

Espectros en noches huérfanas

Abortando gritos en esta soledad
lastima mi alma cargada de recuerdos,
donde día a día voy remontado sueños
que van quedando en el tiempo ido.

Brújula perdida entre arenas del olvido
cabalgando junto a la bruma de los silencios.
Donde el eco quedo tras montañas mudas
en gritos ahogados con tu nombre amado.

Donde quedó el amor, en horizonte del pasado
nuestra piel en romance ávido en albas desvanecidas.
Latiendo la edad de esa niñez que ya nunca volverá
quedando solo sueños en la memoria del ayer.

Espectros en noches huérfanas, llorando soledades
nubes oscuras sin lunas caminando bajo las sombras,
caminando si dejar huellas, son almas perdidas
como yo buscando abrigo bajo el manto de este cielo.

Laura M Granado.
Buenos Aires Argentina

Sobre la cornisa

Lontananza de mi vida
donde acurruco soledades,
desgranando palabras al viento
gritando solo libertad eterna.

Busco ese rostro que llevó el tiempo
en noches de palabras enmudecidas.
vacía, quedando mi piel de dolor sin tu calor
voy sobre la cornisa del tiempo ido.

La mirada lánguida cayendo al vacío
buscando lo que ya los años llevó.
Hoy camino tras los pasos del amor
soy huésped del dolor donde habito.

Penetro en mi pasado entre lágrimas
ahogando otoños hundiéndose en el fango,
delirando momentos en la oscuridad
de mis lamentos, rasguñando este dolor.

Laura M Granado.
Buenos Aires Argentina

Descubriendo horizontes lejanos.

Murallas en los fracasos del tiempo
tensa ansiedad entre los misterios
los miedos, descubriendo límites
palabra fugaz ahogándose en la nada.

Distancias amordazando recuerdos
huellas sin rastros en pies descalzos.
En aventuras de otros tiempos ya idos
descubriendo horizontes lejanos.

Insomnios anunciados penetrando en sueños
de islas desiertas entre alas de arenas doradas,
mares azules espumas mansas salitrales
reconociendo lugares inhóspitos en islas lejanas.

Quiero abortar preguntas, no hallo respuestas
en que mundo estaré, tiempos transitables viviré,
en exilio sin retorno, desnuda de todo lo gris
encontraré la luz, en ese momento ver a dios.

Laura M Granado.
Buenos Aires Argentina

No sé a veces...

No sé a veces si estoy encadenada
a la tierra o al amor de ella.
La que amarra de ataduras
en vuelo al cielo
la que entre mis alas abiertas
su fuerza externa
labra mi adentro,
deteniendo a veces
sus sentimientos,
condenados a ser fuertes
al amor de la tierra
como a la del cielo insistente...

No sé a veces si estoy encadenada
a los tugurios de pasos
o a la de la masa de los callados.
Cuando el amor habla y en silencio calla,
que somos desterrados de amores
como enterrados en horizontes,
si no amamos caudalosos
en fuerza de amarnos,
por los arrebataos de conciencia
como de paciencia.
En este estar de mundos
que a veces sólo miramos
tierra sin cielo...

Lucía Pastor.
Alicante- España

Amor eres tú

Amor eres tú el que perdido
queda entre mis adentros,
del clamor que apresura a sí mismo,
sin plegarias de aperturas
cuando nos amamos en fuerza…

Amor eres tú el estar de claridad,
en el pasar aún de oscuras calles,
acariciando de flores de azahar,
como flores son el jardín de tú amar…

Amor eres tú el suspiro aliciente
que entrelazado quiero de cielos,
como de tierras sin barros,
embadurnándonos de fuego
los vacíos de manos...

Amor eres tú cuando nos amamos,
en el poder que tiene tu ser,
ser del saber amar,
aún entre calumniados de aceres
en propuestas de verdades…

Amor eres tú el encerrado de corazones,
el que nos conduce en las palabras del saber,
el que detenido detienes por querer amar,
y poder saciar los caudales de tu correr…

Amor eres tú el que me hace saber del querer,
pues aún no sé de tanto escribirte
cómo me quedan palabras para descífrate,
ahí se ve quien eres en tu poder
sin final de crecer...

Amor eres tú el libre estar de nuestro hacer,
cuando sabemos amar y respetar
los caudales de tu ser, aún arrendados
arranquen nuestro sentir,
cuando saben que el querer
en verdad es poder descifrarte...

Lucía Pastor.
Alicante- España

Le dicen poeta

Le dicen poeta,
poeta de sentimientos
que agrietan su adentro.
Poeta que inquietan
cuando no alcanza límite
de su raíz que deslice,
las masas ocultas
cuando caminen
haciendo vueltas,
en inertes de vacíos
para ser andante de sí mismo,
en su desliz de camino…

Le dicen poeta,
poeta de luces.
Poeta de cambios intermitentes
cuando le alcanza
la suave brisa de viento,
acariciando rastro de voces,
que acusan al poeta
como al sentimiento,
por ser verdadero
y claro a la vez,
sin conveniente
de su interés…

Poeta …no le cierren
los caudales
que corra a su vera,
la de clara agua
como clara
es su descendencia
de su nacer,
como la de su alta
esfera del crecer…

Lucía Pastor.
Alicante- España

Encuentros

Encuentros de distancias y espacios
en la larga experiencia
que nos trae la vida,
encuentros que deterioran
silencios como adentros,
en este mar de tormentas,
a veces innecesarias
del cruzarlas…

Encuentros de miradas
encendidas de amor cambian,
a veces por recorrer
los caudales del retraer,
el agua que no es de tierra,
como el de mar encauza sin detener
sus arrogantes enlaces
hacia la profundidad,
absorbiendo innecesarios
hundimientos de oscuridad,
a veces sin poder apalear
y sin ceder el agua
que es de orillas…

Encuentros de aceres
como de decepciones,
destinados de quereres
en esperanzas del ver,
igualando a los
que viven sin ver,
en esta tierra
de ciego cielo…

Encuentros de luces
que apagan caminos
recorridos de ayeres,
cuando el amar como la calma
retrae sus sentidos
como sus pasos,
de todo lo que es
corazón destinado…

Lucía Pastor.
Alicante- España

Entrega total

Una vez más quiero entregarte
mi cielo con sus excitadas estrellas
porque necesito amarte búscame
entre ellas.

Te entrego todos mis días con sus
noches, te entrego mis caricias
que por tu amor se desata con
pasión y sin premura

Quiero beber de tus labios esa miel
que me alimenta, darte mi ser lenta
y sin apesadumbrarme para que tú
no dejes de darme todo eso que te pido

Ven aquí a vivir conmigo a disfrutar de
la vida, desaloja esta soledad que
acabará por matarme pero antes quiero
entregarme con toda esta pasión que tengo

Ma de los Ángeles
España/Cuba

Hoy siento tu desprecio

Desprecias mi amor, me ignoras
Lastimas mis sent imientos y lo
haces sabiendo todo lo que
hay en mí.

No te obligaré amarme, si quieres
despreciarme puedes hacerlo
pero no puedes evitar que te
tenga en mis recuerdos

Como tú, que no podrás borrarme
ya jamás de tus pensamientos
porque cuando me amaste supe que
que era verdad, lo sentí vivo en mí

Me acariciabas con ternura como
temiendo perderme, dulce, pasional
e incondicionalmente para mí y sé
que disfrutabas cada beso que te di.

Las horas que pasábamos juntos
eran pocas para ti querías más, mucho
más para mantenerte siempre dentro
de mi

Ma de los Ángeles
España/Cuba

Obsesión o Amor

Te siento en las noches llegar hasta mí
no sé quién eres y sin embargo estás aquí
te dejo entrar para tu vida saborear
no importa de dónde vienes

Sé que eres como un canto y que del
sexo te proclamas dueño, ven quita mi
ensueño ya que estás en mi cama conmigo
hazme el amor con ganas, como volcán
enfurecido

Sacúdeme como de la salvación el rezo
mira que enloquecida me dejó la última
vez que un desconocido por mi ventana
entró incrementando mis ganas

Esto me enloqueció no me repitas lo que
siento porque yo sola lo sé, será amor
todo esto o es una obsesión, ¿será
querer vivir la vida sin medida ni control ?

Ma de los Ángeles
España/Cuba

El Arco de la Felicidad

Soy la sombra de lo que en vida fui,
me alzo y camino con toda mi voluntad,
porque hacia ti me dirijo hoy impoluta,
libre traspasaré este mágico arco
que me llevará a la ansiada felicidad.

Y allí en tus brazos, bajo un remanso de paz,
te contaré las desdichas, las angustias,
y toda la felicidad que en vida pude alcanzar,
aquella que tú honrosamente a mi alma,
desde el día que nací me quisiste dar.

Heme aquí Señor poderoso, estandarte
hacedor de los seres que de tu bondad necesitan,
listo está mi espíritu para borrar el pasado,
para entender que hay vida, ¡hay vida
después de la muerte.!

Y te abraza mi alma en armoniosa conversación,
palpitante mi corazón por fin alcanza una vez más
a creer en la hermosa obra de la resurrección,
de la santidad lograda, por el bien y para el bien,
dichosos los que algún día alcancen tu mirada de bondad.

¡Oh Dios! poco a poco me ves ascender estos peldaños
sin bajar la cabeza, solo inclinándome ante ti
como muestra de mi arrepentimiento y humildad,
porque tú padre, limpiaste mis pecados cometidos,
y en otro ser divino digno de ti me has convertido.

Ma de los Ángeles
España/Cuba

Ni una menos

Homicida:
¡Sí, somos mujeres!
Y tu actividad
que promueves
es una práctica
anticonstitucional.
¡Sí, dominante eres!
entonces controla
tu prepotencia
porque sólo demuestras
tu inferioridad,
por tal razón sientes odio
y desprecio a nuestra persona,
llegando al maltrato,
por tus lapsus de locura;
sólo recuerda,
¡Somos más y estamos unidas!
¡NO MÁS!
Humillaciones
ni desprecio físico
ni emocional
¡BASTA!
Tu violencia
no causará más muertes,
lucharemos juntas
empuñando fuerza,
por nuestra existencia.

Magali Aguilar Solorza.
México

Lo hacemos

Estamos amándonos…
en el silencio de esta lejanía.
Nos buscamos para adorarnos,
decirnos que nos esperamos.
Tengo tu fuego, soy tu hoguera
y aún si; sin vernos, ardemos,
porque nos arropamos
en la brasa anhelada.
¡Es maravilloso!
Tenerte tan cerca de mi alma,
cuando nos perdemos en el tiempo
al entrelazar nuestras voces,
sin tomar en cuenta al destino.
Juntos estaremos, hasta el final del camino,
porque nos amamos y no lo disimulamos,
cuando a la distancia nos abrazamos
en el pensamiento y lo sabes,
porque en cada noche de sueño
nos encontramos.

Magali Aguilar Solorza.
México

Luna

Amor Azul,
naciente manantial
de vida nueva.

Cuarto momento
en plenilunio vivo,
segunda llena.

Enrevesada,
yo deseo entenderte
rareza cósmica .

Ven maravilla,
entrégame tu magia,
no tengas miedo.

Derrama lágrimas
total prosperidad
natural fluir.

La tempestad
a mis ojos segó
y no te veo.

Y no te escondas
en las brumosas nubes
deja gozarte.

Bañarme luz,
ilumíname a mí,
belleza pálida.

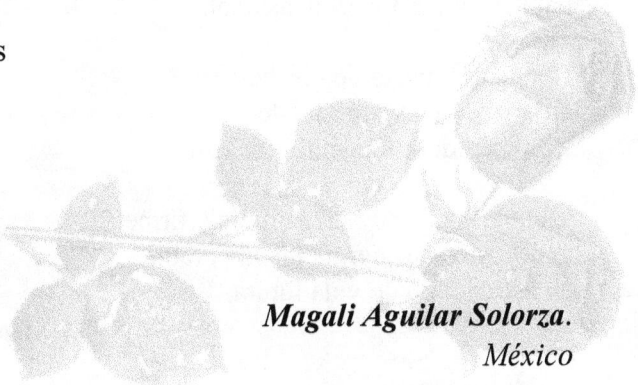

Magali Aguilar Solorza.
México

Umbral

En el sonoro encuentro de los
obstáculos, arriesguémonos
a trascender a una nueva era.

Con la capacidad de ascender al
llenarnos de estímulo y avanzar,
para mejorar la calidad de existencia.

Tener decisión y determinación
de estar dispuestos en lograr conquistar,
cualquier adversidad del tiempo.

Aceptar e iniciar un cambio de
máxima sensación, marcando
la diferencia en la comprensión.

Visualizar afuera y adentro,
donde al triunfar, estemos situados
en una nueva oportunidad.

Creer que existe la posibilidad total
al ingresar con valor y sin miedo,
para recibir la satisfacción deseada.

Y respirar nuevamente, al transitar
con templanza en el destino y
habitar otro plano dimensional.

Con la esperanza de ser mejor,
en el nuevo mundo, donde
la humanidad se integre juiciosa.

En un espacio de tierra limpia y firme
al dotarnos de energía incomparable
en ese cambio de vida futura.

Magali Aguilar Solorza.
México

No tenemos un compromiso

Sé que no tengo ningún compromiso contigo,
y es tal vez por ello que aun te rindo luto,
que aún te veo por el jardín fumando un cigarro e invitándome a bailar
y yo me reía por aquella melodía que no tenía ni sentido ni son y por
tu sonrisa,
esa sonrisa que tocaba partes de mi que no sabía que existían.

Sé que ya no estás a mi lado y que nadie te recuerda,
que el olvido se coló en todos menos en mí,
que te llevo en mis miradas perdidas y en mis silencios,
que te llevo en mis lágrimas escondidas y en mis versos.

Que la poesía es demasiado absurda porque no me la lees tú,
y tal vez sea por ello que intento mantenerla viva, por ti, por los dos.
y sé que no te debo nada pero me debo todo de ti,
ojala aparezcas en mi jardín con un cigarro en tus labios,
extienda tu mano y me invites a volar, a ser viento, a ser de ti.

Marcela Iscalá.
Cucutá-Colombia

Cansada de besar sapos

Cansada de ver las estaciones sin unos brazos a su alrededor,
cansada de esperar un te quiero sincero,
cansada de que la nieguen cuando lo que más necesita es sentirse amada,
cansada de ser el trapo viejo de la cocina...
de llorar a escondidas preguntándose si ella es la que está mal,
cansada de que el te quiero, que no grito sus labios,
sea un puñal que desgarra lenta y profundamente sus ilusiones.
Cansada de gritarle a la luna llorando,
que está cansada y mil veces cansada de besar sapos.

Marcela Iscalá.
Cucutá-Colombia

Tic-Tac

Mirar las gotas caer, tic-tac.
Mi corazón hace el reflejo de la lluvia contra la ventana, tic-tac.
Tan silenciosas que duelen
duele el respirar,
el pensar en ti,
el sentir tus labios sabor a menta en los míos, tic-tac.
No debo recordarte...
Y es qué en este silencioso y vació mundo en el que me dejaste,
hay tantos recuerdos que me parece ver la gente caminar como si
no sucediera nada,
como si no me hubieras llevado a un precipicio y luego dejado allí
a mi suerte,
con miles de recuerdos que me hacen olvidar que hay una vida ahí
afuera, tic-tac.
Y luego quedo colgando de los dos mundos...
Donde no diferencio donde te has ido tú, y yo contigo, tic-tac.
¿Donde estas?
La pregunta correcta seria:
¿A dónde me has llevado?
Y ahora camino en puntas como quien no quiere sorprenderse,
me busco o más bien te busco, porque a fin de cuentas yo soy tú y
me has llevado y no me encuentro, tic-tac.
Aunque ahora ya no busco encontrarme, tic...tac.

Marcela Iscalá.
Cucutá-Colombia

Alma de papel

Me nacen las canas esperando un mañana
que a través de los silencios y la ausencia de uno mismo
dejan sobre el papel la frágil alma
que entre charlas sin sonido susurran sin tino.

Dejo pasar los recuerdos
a través de la puerta del tiempo
amaneciendo loco y sin prisas
un nuevo mundo de momentos eternos.

Observo mis alegrías y mis penas
sensación que hace grande al poeta
Escalonado camino sin penumbras
que al constante misterio despierta.

Mi alma en pausa reposa
abandonando un cuerpo sin vuelo
el camino ya no es un sueño
cruzo la puerta…. es mi tiempo.

María Dolores Suarez
Islas Canarias-España

Llegas a mí

Abrazada a la nube más blanca
tu figura se presenta ante mi
llegas, ríes, me susurras
palabras que me hacen sentir

Gritas en silencio y tiernamente
acaricias por inercia mi existir
me arrancas latidos desbocados
mi pecho necesita de ti

Tus suspiros me pertenecen
tus ojos se posan sobre mi
mis brazos se separan de la nube
vuelan , suplican....¡acércate a mí!

Me estremeces, me deshojas
me desnudas ante ti
las estrellas se sonrojan y vibran
las nubes se abrazan entre si

La pasión funde nuestros cuerpos
en un beso sin fin
con ternura mis latidos se apresuran
en tus manos amor descubrí

Sobre un lecho de algodones
de nubes blancas, azules y gris
emociones, sentimientos y delirios
se pierden en mi piel temblando por ti

Mudas las bocas no dejan de pedir
navegar por nuestros poros
Estoy en el cielo... y tú, junto a mí

María Dolores Suarez
Islas Canarias-España

Rosas azules

Mundo en calma
corazón herido
flotando en soledades el amor destilo.
Navega el Universo
me pierdo en lo vivido
pincel de caricias en letras me has vestido.
Blanca seda
sábanas de testigo
transparencias y perfume entre suspiros.
Piel deseada
el alma en fluidos
beso a beso bañas mis gemidos.
Momentos al viento
cielo conseguido
cruzando horizontes de azul desteñido.
Miradas cómplices
silencio escondido
calmando sentimientos en centros dolidos.
Colores en tu pecho
amaneceres rojizos
ardientes tus labios graban mi destino.
Rosas azules
oración que escribo
versos llenos de sentir contenido.

María Dolores Suarez
Islas Canarias-España

Una sola vez

Si tú pudieras alguna vez
escuchar las palabras de mi alma
que en las horas nocturnas te abrazan
embraveciendo mi calma
Si tú pidieras alguna vez
permanecer en mis besos
impregnando con tu sabor
lo posible y lo cierto
Si tú pudieras alguna vez
volar a mi encuentro
ser el gemido en mi garganta
cuando en silencio te siento
Si pudieras ¡Amor!
estar, cuando la luz se apaga
y la luna se resbala
hasta el borde de mi ventana
Si tú pidieras por un momento
imaginar lo que estoy sintiendo
cuando tus palabras me invaden
arrullando mi centro
Si tú pudieras alguna vez
mirarme en mi fondo
en el infinito de mis ojos
y sentir lo que yo siento
Si pudieras entender
el dolor de mis pensamientos
que como loza enfría mis sueños
cuando me falta tu verso
Si tú pudieras..., solo una vez
vaciar mis miedos
que sin piedad atacan mi centro
alejando de mi tus besos....
Si pudieras... ¡Amor!

María Dolores Suarez
Islas Canarias-España

Silencios del Cielo

Ecos de pasos lejanos recuerdo
como tú en mis pensamientos anhelo,
en soledades acumuladas remuerdo
y mil aves emprendiendo su vuelo.

Los días pasan en silencios del cielo
sin tener noticias de ese amor en desvelo
soledades en noches de duelo
sintiendo en mis huesos el hielo.

Sentada y callada recuerdo
tus palabras tildadas de amor
mi piel enchinada yo muerdo
evocando caricias sin pudor.

Las noches recuerdo en soledad
sin dejar de suspirar en mi ajuar
me prometiste darme felicidad
más nunca pensé en tu deslealtad.

Ahora te lloro en soledad
guardando en mis adentros recuerdos
mil aves se lleven la realidad,
negándome a ser solo un recuerdo.

Ilusa te he de esperar
sabiendo que no regresarás
soñando te escribo este versar
sabiendo que jamás fui tu amar.

María de Lourdes Hernández Fuentes
Guadalupe, NL- México

Entre libros y letras

Entre verso y verso
te declaré mi amor
entre letra y letra
te di mi corazón.

El aroma de mis letras
me saben a ilusión
cuando tú en mis oídos
me silbas de emoción.

Yo te escribo poesía
para demostrarte este amor
tú la llevas en tu alma
y me entregas el corazón.

Letras y versos
hechos con amor
mariposas en mi estomago
al escucharte con ilusión.

Entre libros y versos
escribiremos nuestra ilusión
entre prosas y glosas
guardaremos nuestras cosas.

María de Lourdes Hernández Fuentes
Guadalupe, NL- México

Poetas virtuales

Somos poetas virtuales
detrás de un monitor
siendo nuestro ritual
escribir en el ventanal.

Desahoguemos nuestras almas
con sentimientos del corazón
esa es nuestra mera calma
y muchos nos dan la razón.

Ansiamos el nuevo día
para compartir nuestro sentir
esa es nuestra alegría
nunca dejar de escribir.

Felicidades a mil poetas de por aquí
y sigamos compartiendo gustosos la poesía
revoloteemos de verso en verso como el colibrí
siguiendo la fiesta sin dejar de convivir.

Poetas virtuales, poetas del universo
les brindo mi abrazo virtual
con cariño y mi amistad
les felicito desde mi ciudad.

María de Lourdes Hernández Fuentes
Guadalupe, NL- México

Peldaños de Ilusiones

Subiendo mil peldaños se elevan mis ilusiones
suspirando y suspirando anhelo locos sueños
recordando vagamente las dulces pasiones
quedo de hinojos en un triste duelo.

Peldaños de ilusiones
dinteles de efusión
cielos de lecciones
mostrándonos la estación.

Alzando mis brazos al cielo
implorando bendiciones
voy llorando tu revuelo
y rebusco mil soluciones.

Parada en lo alto
de la cúspide de mis sueños
anhelo los desvelos
en lo alto de los cielos.

María de Lourdes Hernández Fuentes
Guadalupe, NL- México

Continuará

Hay una hecatombe
en cada "continuará..."
Muchedumbres enlazadas
que son bienvenidas
al volver a casa.
No a la mía.
No hay nada mío.
Ni tú.
Ni yo soy mía.
Soy de ti.
Pero te empeñas
en volver a las rutinas del "continuará..."
cada vez que me besas
y te das la vuelta en la cama.
En cambio yo me quedo
frente a tu espalda
y la almohada escoge para mí
una dosis de insomnio.
Y no me repongo de ese "continuará..."
cuando con miedo
cuento los lunares de tu espalda.
Ni cuando intento acompasar
tu respiración a la mía
y se forma una guerra
entre mi yo y mi contigo.

Marta Garcés
España

Esperas

Las esperas se consumen
a la velocidad de tu orgullo
y mientras las heridas
duermen tan plácidamente.

Alrededor de una hora,
tal vez algo temprana,
los sueños ejercen su protagonismo
y llenan de ansiedad los cuerpos.

Recuerdo que tuve frío
al cerrar los ojos.
Recuerda que noté fiebre
al recoger mis propios despojos.

Sombras, sueños, sed.
Es lo que siento al dormir
en otra cama.

Marta Garcés
España

Transformaciones

Las tres transformaciones
de la coincidencia en locura.

La primera,
la madrugada transformada
en la ausencia al irte.

La segunda,
tu nombre erguido frente
a cualquier hoja,
convertido en mi sentencia
a cadena perpetua.

La tercera,
la rosa muerta
regalada sobre el sofá,
exhalando dolor cuando la huelo
y sus espinas se clavan en mis dedos.

Marta Garcés
España

¿Qué te queda?

Habla sin ser escuchada,
grita y nadie acude a su lamento,
llora y cada lágrima se desvanece en la Nada,
sufre y sus entrañas se carcomen.
Simplemente cuesta ser Ella,
pelea,
golpes de realidad en el estómago,
quiere alzar la voz y enmudece,
quizás porque poco le importa
ser escuchada o no.

Espera y cada segundo es eternidad,
un billete robado de ida al abismo.
Muñequita débil, de porcelana fina…
de ojos empequeñecidos tras las incipientes arrugas,
que sueña con que algún día estén tan ciegos
como los de los demás,
y ver lo mismo.

Y lo único que tiene es a Ella.
Sus propios abrazos, sus propios besos,
no se ama, pero se mantiene.
El reloj de su cuerpo que juega a contracorriente,
contra sus sentidos,
contra lo perfectamente establecido… y espera.

Marta Garcés
España

Así es la vida

Tan cerca y tan lejos queda la noche,
como agua que se funde en el arroyo
de nuestros desvelos
y pretende que los cielos, se vuelvan negros.

No hay mariposas en mis sueños
ni pájaros
que sobrevuelen los cielos,
ni esencia, ni sombra, ni besos.

Encuentro un suspiro,
que irrumpe con el viento
y se descubre:
un solo verso.

Y veo asombrada como mi mente,
dibuja un pensamiento,
y percibo poesía
y asombrada despierto.

Y comprendo, que la vida es poesía:
y que tú tienes tú metáfora,
y yo…
tengo mi poesía.

Nuria de Espinosa
Rubí, Barcelona -España

En la soledad del invierno

En las noches largas del gélido invierno
queda la memoria de los pensamientos
sobre las páginas que retienen el frío recuerdo.
Se cerraron mis ojos y despertó el silencio
en la luz difusa de la ausencia de sueños.

¿Dónde te fuiste y porqué no te encuentro?
si la noche te clama y te pierdo a lo lejos.
Repliquen las campanas en el umbral de los cielos
¿Por qué ya te fuiste? ¿Por qué no te encuentro?

Y se funden los versos entre los reversos
que se extravían en el alma debajo de los cielos
las rosas florecen y la primavera aparece
cubriendo los campos de aromas y cortejos.

Nuria de Espinosa
Rubí, Barcelona -España

Frente a mi ventana

La primavera,
florecía frente a mi ventana
entre azucenas y florecillas,
silenciosa y agotada, la mañana nacía
el girasol se despertaba,
y la yerba… sollozaba.

Al atardecer,
entre los brazos de jazmines
y claveles,
pajarillos aleteaban
y el sol,
aún más brillaba.

En la lejanía,
las campanas repicaban obstinadas,
¡Ahí se va un alma triste!
y su presente, las lágrimas.

Señaló la tarde
que ya terminaba con el oscurecer
y un velo gris
se posaba frente a mi ventana,
en aquel balcón no florecido,
¡Qué triste me quedaba!
al observar a la luna
y lo esplendía que gozaba.

Y sonreí como una niña cansada
en el crepúsculo mañanero,
que rasgó en mi ventana
y adivinó el horizonte
¡cuánto dolor me acompañaba!

Y como suave fragancia
de una rosa temprana,
una serena melancolía,
atravesó mis entrañas,
abrí la ventana a la alegría
y dejé que el viento adivinara,
el perfume de las flores
y el redoblar de las campanas.

Campanas plañideras, lejanas,
sobre la brisa dañada
de una mañana algo turbia, gris y opaca.
La luna perecía,
bajo una estrella que la enturbiaba
y el sol tímido, ya el cerro iluminaba.

Y aunque la lluvia sombría,
por la colina se deslizara,
no lograría eclipsar una mañana,
que emergía junto al canto
de una niña madurada,
cual tenue quimera,
de una alegría reencontrada.

Nuria de Espinosa
Rubí, Barcelona -España

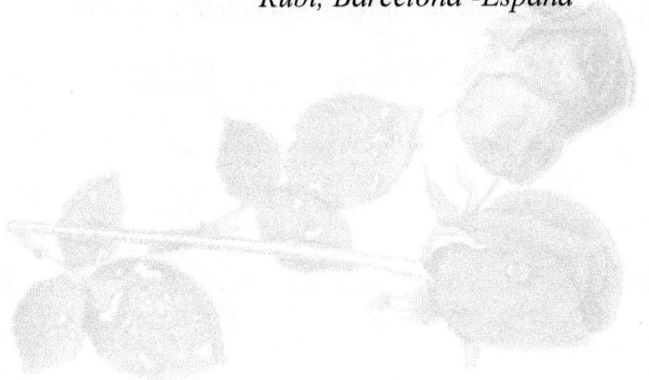

Sumergida en tu recuerdo.

No escribo versos con palabras,
son mis ojos los que riman
y solo hablo con miradas
de lo que no pude decir aquel día
en que te fuiste, sin saber que te ibas.

Ya no gozaré de tú alegría
porque tu ausencia,
entristeció mi vida,
y tu recuerdo llena mis días
con la pena que surge, de la melancolía.

Hoy, escribo nuevos versos,
llenos de apatía,
pregonando a los cuatro vientos
y reclamándote en mis sueños.
¿Por qué te fuiste tan pronto, padre?
¡Con la falta que me haces!

Y al anochecer, la luna ilumina tú rostro,
mágica imagen que permite la mirada,
que se mezcla entre la oscuridad y la añoranza,
y te anhela cada noche y cada mañana,
y acaricia mi alma, en la cálida alborada.

Nuria de Espinosa
Rubí, Barcelona -España

El Vuelo del Águila

Con el ojo avizor..., callada sombra,
alto su vuelo por la cumbre umbría
es su ronda un alerta, una vigía,
antes que el tibio sol tienda su alfombra.

Majestuosas alas batir parece
todas las nubes altas de su cielo,
y lo acaricia en íntimo flagelo
en tanto su plumaje se oscurece.

Cabeza agreste..., pico que agiliza
cuando en picada libre se desliza
hasta la codiciada, ansiada presa.

Que su garra mortal deja indecisa
remontando en el polvo con la prisa
¡Un degüello de ocasos y maleza!

Norma Alicia Estuard.
Buenos Aires - Argentina

El Vendaval

Venía desde el norte..., viento y tierra,
con silbido de flauta en los sauzales,
desatando violento los corrales
destrozando mangrullos y reserva

Con lluvia, remolino, llanto, piedra
y con ciclópea fuerza de titanes,
asoló los lugares donde afanes
puso el criollo su esperanza y siembra.

Nada dejó tras él..., si tan siquiera,
hubiese apagado allá en la loma
los ecos de esa triste bagualera,

que entristece de adiós cuando pregona
¿le hubiese perdonado que volviera
azotando al rosal y la paloma?

Norma Alicia Estuard.
Buenos Aires - Argentina

El Cóndor

Flagela con sus alas las alturas
imperial cóndor..., flecha dirigida
cercena el aire con su acometida
infernal su plumaje donosura.

En su cuello destella la blancura
de un duvet como espuma compartida
albo dogal de majestad vertida
que juega en su cabeza con albura.

Todo es silencio en torno de su nido
cobija amalgamados estertores
de oscura masa en el profundo seno

Acuna cielo, nube y los rumores
del viento, del relámpago en fulgores
¡y el fúnebre estallido de los truenos!

Norma Alicia Estuard.
Buenos Aires - Argentina

Salomé

Risa y llanto de vida..., soy el nido,
soy centro y luz de una indecisa espera,
explosión en tus sueños, soy quimera
y la diosa demonio que te ha herido.

Mujer volcán, caldero que encendido
se dispersa en la brasa verdadera,
fuente de manantial..., corpórea hoguera,
para tu urgencia lúbrica he nacido.

Soy meta inalcanzable y soy regreso
para tu amor de abril dulce embeleso
y soy tormenta que se rompe en trueno...,

Soy canto de otro cielo que está preso
y soy la boca que te envuelve en beso
¡Al volcar en tus labios su veneno!

Norma Alicia Estuard.
Buenos Aires - Argentina

Ascendiendo

Subiendo peldaño a peldaño,
devorando los minutos, las horas,
en mecánica escalada
en busca de la lejana claridad.

Siempre cuesta arriba, ascendiendo
con la mirada en el horizonte,
en un esfuerzo titánico,
de caminar hasta alcanzarlo.

No importo el duro camino,
lo empinado cuesta,
la fatiga, ni el sudor.

Solo importa la meta,
alcanzar la luz,
coronar la resplandeciente cima.

Reme Gras
Elda, Alicante- España

Certeza.

La certeza es zarpa…
de afiladas garras,
arañando el corazón,
matando las ilusiones.

Asesina confesa de la duda…
aseveración rotunda.

La duda solo es hoy…
una esperanza muerta,
algo que expira mientras suspiras.

De amores, muertos y enterrados…
desangrando por la herida,
hasta colocar la losa en la sepultura.

Reme Gras
Elda, Alicante- España

Estío

Más que simple sequia,
es encurtido al sol,
así esta mi corazón.

Siquiera el consuelo del llanto,
humedece mi alma.
solo es un ocho que se repite,
el principio sin fin,
porque el fin es el principio.

Es la melodía encadenada,
grilletes que nos pegan al suelo,
atornillando nuestra rebeldía,
al submundo de ultratumba.

Y si grito, no llamo a la vida,
clamo por la bendita muerte.

Reme Gras
Elda, Alicante- España

Muerte y vida.

No es la muerte…
ni la vida,
es el espacio entre ambos mundos.

Es la cavidad que lo contiene,
el devenir entre las opciones.

No sabemos vivir…
ni queremos aprender,
solo deseamos poder.

Poder que nos haga brillar…
con el artificio de luces de neón.

Y el único brillo que nos aguarda…
son los fuegos fatuos,
en la cavidad de la tumba.

Reme Gras
Elda, Alicante- España

Demonio sin rostro

Vas caminando por las calles en medio de la noche
y de repente te encuentras con una extraña figura
un hombre misterioso que camina mirando hacia el piso
y a quién le hablas a modo de cortesía: "Buenas noches".

De repente ves un reflejo misterioso
un fantasma sin rostro
un ser mítico que te mira de frente
aunque no tiene ojos, boca, ni nariz
y sales corriendo de aquel sitio
al ver a aquel demonio de nombre: Nopperabo
aquel demonio sin rostro
leyenda, mito o realidad.

Robert Allen Goodrich Valderrama
Panamá-Estados Unidos

Un niño que camina

Existe un niño que camina
por las calles del olvido
en medio de las sombras
y en medio de la oscuridad.

Pasa a lado de todos
pero nadie parece mirarlo
es como un fantasma
como una sombra sin rostro.

Su sonrisa ha sido borrada
su alegría se ha perdido
el es un sobreviviente de la vida
de esta vida llena de dolor y sufrimiento.

El niño camina en medio de un mundo
de un planeta sin tiempo
donde todos parecen haber olvidado
que todos somos hermanos.

Existe un niño que camina
en alguna parte del mundo
nadie ha visto sus ojos
nadie ha visto su rostro.

Robert Allen Goodrich Valderrama
Panamá-Estados Unidos

Ladrona

Como un quijote que busca a su princesa
un caballero andante que mira gigantes donde no los hay
así estoy yo de loco
pero de loco por ti.

En verdad te digo
que no se que me has hecho
pero me has dejado sin corazón.

Soy un gitano sin hogar
un navegante sin puerto
un marinero sin aire
que no sabe qué hacer.

Soy un poeta sin musa
un caminante sin vida
un fantasma olvidado
solo por ti mi amor.

Tú te llevaste mi corazón
mi alma y todo mi amor.

Eres una ladrona
la ladrona de mi amor
y de mi corazón.

Robert Allen Goodrich Valderrama
Panamá-Estados Unidos

Al final del camino

El poeta, el humano, el hombre, la mujer ¡Quién sea!
Camina lentamente por el camino
y a lo lejos al final del mismo observa una enorme puerta
una puerta llena de luz y esperanza
llena de sueños y alegrías
a la que todos llaman: La puerta de los sueños.

El camino que conduce a la misma
no es fácil ¿quién dijo que lo sería?
para nadie es un secreto que todos
buscamos poder entrar en la misma
y así llegar a tocar el mismo cielo de ser posible.

San Pedro cuida las puertas del cielo
Pero esta puerta es diferente
esta es cuidada por el mismo Dios en persona
quién recibe a sus hijos como ovejas descarriadas
que han decidido ingresar al paraíso y cambiar sus vidas.

Una luz brilla a lo lejos
al final del camino un tesoro nos espera
y no es el tesoro de las viejas historias tras el arcoíris
¡No señores y señoras!
Este tesoro es diferente es milagroso, es extraordinario, es invaluable.

Estamos hablando que al pasar aquella puerta mágica
esa que se encuentra al final del camino
todos tus sueños se harán realidad
podrás volver al pasado o presente
o viajar al futuro
¡Tú decides tu destino!

Al final del camino
al subir esos escalones mágicos
una puerta maravillosa nos espera
donde Dios estará presente esperando a sus hijos
a esas ovejas que alguna vez tomaron el mal camino
Pero que ahora han decidido cambiar sus vidas
y seguir sus sueños.

Al final del camino nos espera
la puerta mágica de los sueños
la puerta donde al entrar todo es posible
hasta el más inverosímil sueño.

Bienvenidos aquellos que se atrevan a subir los escalones
esos escalones que conducen a la puerta mágica
al final del camino
donde todo, absolutamente todo si se cree y si se lucha:
Es posible.

Robert Allen Goodrich Valderrama
Panamá-Estados Unidos

La Vieja Lapa

Oh! Mi Lapa querida,
Cuna de la bohemia,
de los ritmos que sobresalen
y las buenas compañías.
Donde se oían bravatas
y diversidades culturales.

Tal vez nadie la considere
siendo el imperio destronado,
donde reino el sujeto.
Rey Madame -Satán,
con todos sus predicados.

Las meretrices eran expertas amantes,
compañeras y buenas en el trote.
Decían que tú eras un súper - Hombre,
cuando en realidad eras un alfeñique

Todos salen felices
en la Lapa no hay tristeza
el tranvía transita a sus anchas
llevando y trayendo noticias...

Usted pide un vaso
y surge de inmediato una amistad...
En la noche se comparte – de... ¡todo!
Eso sí, no juegan sucio:
Si desean traer problemas
vayan directo para otras bandas... .
Pues lo que no consentimos en la Lapa
es pelea, discusiones y teoremas sin soluciones...

¡Gracias compañero amigo de las poesías!
¿Tiene un cigarrillo ahí compañero?
Déjeme - darle un sorbo a esta cerveza
y ¡hablaremos de todo un poco! ...
Voy a ser todo oídos para escucharle.
¡Las quejas, no son bienvenidas!
¡Un corazón roto, peor aún!
Mas, ¿si usted se juega la cuenta?
Siéntase libre de unirse, que soy sólo oídos
y amigo de los engaños...

Rogerio Dias Dezidério
Brasil

Poema original en Portugués-traducido al Español

Estatua esculpida

Entregué este botín
esculpido en erguida estatua,
Entre él y yo, ella esta:
esculpida, envuelta y entallada...

He explorado este gran espacio,
agotado en escalas explícitas,
era tan espectacular su expiración,
emocionado entre este extravío elocuente!

Enloquecido estoy, aunque eleve este entretener, en eróticas
implicaciones encantadoras,
era y es emoción expuesta.

Expreso en expiación explícita,
sin embargo aburrido y enfermo,
Yo extravaso quitar esta exhumación endemoniada!

Rogerio Dias Dezidério
Brasil

Poema original en Portugués-traducido al Español

África madre de todos

Un inmenso continente,
con muchos contrastes,
Madre de todos nosotros,
los hijos desnaturalizados,
Le dimos a ella la espalda,
hoy ignoramos a nuestros hermanos.
En el pasado,
cuando a iban a visitarla,
fue para saquearla,
oprimirlos.
Destruir sus familias,
hacerlos esclavos y robar sus riquezas naturales...
Somos hijos pródigos ¡sí!
Más, nuestra Madre es África.
Aun así nos ama mucho.
Ella espera que reconozcamos
nuestras indiferencias infundadas a tiempo...
Para aproximarnos con el merecido amor, Cariño y Afecto.
En este exacto momento nuestra Madre precisa más de nosotros
del que necesitamos de ella...
Suyos aún hijos fieles, pasan por situaciones difíciles,
mucha desigualdad social, muchas etnias divergentes, muchas
enfermedades epidémicas...
¡Falta orden y progreso !
¡Un mirar más solidario para todo en sí!
Hagamos una convocatoria entre todos los Hermanos para iniciar un
movimiento humanitario en socorro a nuestro continente Madre
África...

Rogerio Dias Dezidério
Brasil

Poema original en Portugués-traducido al Español

...Amor amparado y bendecido

Oh hermosa luna
hazme escuchar
con claridad
su dulce voz
Afirmando
El firmamento celeste
Tachonado de estrellas

El viento me amainó,
El mar me amparó,
El sol por la mañana
me calentó con amor
y la lluvia lavó
todos sus recuerdos!...

Por una semana sufrí, ¡Sí!
El cielo quedó durante el día sin nubes
y la noche sin estrellas,
era el desamor por sus mentiras.

Mi corazón trabajó sofocado,
mostrose fuerte y sabio,
él, es verdadero y fiel.
Amó sin nunca causarte
una sola herida o disgusto. .

Mucho querías, sin percibir
hasta que punto me excluía,
guardaste su indiferencia
bajo siente llaves, para jamás
sentir la frialdad estampada
en sus besos, abrazos y amores.

¡Fue muy fuerte el fin!
Hasta los astros se manifestaron,
creando el escenario para cuentos de amor,
y envolviendo a la pareja apasionada.

¡Les pido que me perdonen!
Aun sufriendo debemos ser misericordiosos
y seguir las enseñanzas divinas.
Yo sé que mi corazón hoy está sonriendo,
Pues encontró todo lo que él necesitaba...

Mis noches son bellas nuevamente!
Claro de luna, cielo estrellado y estrellas fugaces,
los días maravillosos, Sol radiante,
nubes en lindas formaciones y el cielo de un azul envidiable.
Hasta el Arco Iris hace se presente en cada posición de los puntos
cardinales - (Norte - Sur -Este- Oeste)

¡Mi amada es tan bella y su alma pura!
Ella cuida del hogar con mucha desenvoltura,
todas las plantas que siembran sus manos suaves
crecen fuertes, bellas y florecen radiantes...
Su astral me fascina y su amor me envuelve de tal forma, que no hay
ya ni cicatriz de aquel amor que sólo me trajo disgusto, sufrimiento
y de...

En mi corazón acelerado resplandece un amor puro, verdadero, feliz
y eterno.

Rogerio Dias Dezidério
Brasil

Poema original en Portugués-traducido al Español

Con las alas de mis versos

Soy la quieta noche
con sus misterios y sus temores,
y soy la tarde
con su crepúsculo y sus colores,
y también la mañana lenta
con su despertar entre fulgores...
Soy cielo y nube,
sol y luna,
ocaso y alba,
soy lo que es mi alma
que también es duda
cuando de lo profundo sube...
Hoy soy palabra,
mañana seré un verso,
y quizás también promesa
que al cielo lo abra
para conquistar a ese universo
que esconde sus certezas...
Soy lo que soy,
sin atajos y sin caminos,
soy sólo mi destino
y mi propio viento,
soy lo que siento
y por ello vuelo y vivo
con las alas de mis versos...

Silvio Daniel Gómez.
Montevideo - Uruguay

A Don Mario Benedetti

"El olvido siempre tiene memoria",
decía el gran poeta Don Mario,
dedicándole un fértil poemario
al cruel olvido y a su historia.
Y es verdad; el ominoso olvido,
como antítesis del fugaz recuerdo,
va llegando disimulado, lerdo,
ocultando lo que no se ha ido.
Pero el olvido falla y "olvida"
que debe siempre olvidar lo vivido,
y como rayo en cielo gris dormido,
nos revive paisajes de la vida.
El olvido es humano y es mortal,
y como tal, también enferma, muere,
más cuando el recuerdo, regresando quiere,
evocar lo que estuvo bien o mal...
El olvido tiene memoria larga
y no se oculta en un tramposo disfraz,
es mas bien el arma puntual, sagaz,
con el cual evadimos la carga...
Son buenos los "olvidos selectivos"
que recuerdan sólo lo mágico,
sepultan aquello que fue trágico,
y despiertan lo más bello dormido.

Silvio Daniel Gómez.
Montevideo - Uruguay

El Amor y yo

El amor y yo somos sinónimos.
Amar es mi normalidad y mi rutina.
Ese amor está en mi mirada,
en mi voz y en mis latidos,
en mi calle y en mi esquina,
en mi gente y en mi vida...
El amor es mi fuente de sabiduría,
es mi recuerdo y es mi olvido,
es mi nostalgia y mi alegría...
El amor es mi pasado y mi futuro,
pero también este presente
pletórico de prosas y de poesías...
El amor es la sustancia
de las cosas muertas y vivas...
El amor es lo que veo,
lo que toco y lo que me toca
y lo que no está pero sé que existe...
El amor es lo que viste,
lo que arropa, lo que abriga...
El amor está en lo que siento,
en lo que sufre mi esencia
y en lo que ríe mi boca...
pero también está en lo que pienso,
en lo que sueño y en lo que imagino,
como final cercano y desconocido...
El amor está en lo que me nace
y luego muere sin pedir permiso...
El amor vive siempre en mí,
en lo no querido,
y en lo que siempre pido y no aparece...

El amor está en lo que tú sueñas
cuando es noche eterna y no amanece,
y en lo que te digo con mis silencios
que de tan callados se hacen gritos...
El amor está en mis versos no escritos,
que ni bien nacen, de soledad perecen...

Silvio Daniel Gómez.
Montevideo - Uruguay

"Puerta al Cielo…" (Soneto).

Esperanzado encamino mis pasos
por la escalera que me marca el rumbo,
llego a la puerta apartando al ocaso
que con su negrura oscurece al mundo…

El destino me dirige, me empuja,
hacia la purificadora arcada,
mientras la apacible luz se dibuja
sobre mi esencia, de fe contagiada…

Uno a uno subo los pétreos peldaños
cargando el peso de mi gris historia,
que pena hoy mis pecadores años.

La esperanza ya me atrae con su luz
y hacia ella voy en pos de la gloria…
Traspaso la puerta… ¡y cae mi cruz…!

Silvio Daniel Gómez.
Montevideo - Uruguay

Prometo sentir

Prometo temblar hoy besando tu dulce seda,
eligiendo cortinas que vuelan con miradas,
gravo flores duras con eternas rocas blandas
y junto cielos con lugares que me avanzan.

Cuento los pasos que perfilan mis sombras,
llenando vacíos con promesas flojas,
maderas que flotan en sonrisas tibias,
cuestionan mis huellas marcando las horas.

Tiempo que relajas mi mirada más perdida,
defiende en silencio las arrugas de mi vida.
Espera mi tranquilidad aunque no llegue,
olvida mi suspiro necio, si ves que te hiere.

Anochece cuidadoso el halago,
apenando hilos de risas sinceras,
triste vida que cae eterna a mi lado,
endulza firme, profundo pasado.

Dibuja triste, preciosa flor que vuelas sutil,
deleita tal tristeza observando fiel al amor,
los perdidos pétalos que caen color añil,
aprecian vidas perfectas, ocultas con dolor.

Sonia Arias López.
Lugo- España

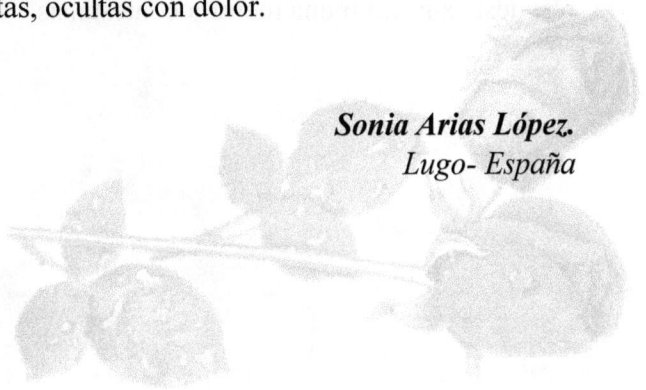

Eres Tú

Mientras tu palabra es callada por el silencio,
el presente murmura una linda canción,
pues baila el cariño con el rencor que presencio,
tristeza lisiada, ruega al gozo ser su bastón.

Cuando el lamento halaga con dulces de sonrisas,
mueren los miedos enterrados en los valores,
acuden al duelo flores vivas y sumisas,
tocando cielos con desaire y más favores.

Olvido fuerte que envejeces con el recuerdo,
caminabas siempre entre ideas no comprendidas,
sed de verdades ahogan mentiras que acuerdo,
de ofensas que admiten alabanzas consentidas.

Cuando ausentes la mirada, acógeme en tus ojos,
fieles vistas son prudentes con más traiciones,
si duermes no me sueñes, despierta en sueños flojos,
consiente de halagos educados de emociones.

Sonrisas defendían escritos que culpaban,
se acabó cuando empezó, o tú nunca comenzabas,
hundir tinta en un papel son ideas que amaban,
respuesta sincera o una mentira contestabas.

Sonia Arias López.
Lugo- España

Lo siento

Perdóname por esperarte, aun te aviso,
quiero un regreso con besos en el pasado,
disculpa mi mirada, llora porque te quiso,
tristeza sin fuerza, muere sin ser matado.

Engaño a tu ausencia con recuerdos discretos,
no es respuesta tu silencio, mas yo lo quiero,
admito obsesión porque engañamos respetos,
rechazo culpas, pues no te hiero y soy quien muero.

Esparces amor en parcelas de secretos,
callaste mis penas con dolores completos,
tus caricias infieles suavizan condenas,
no abandonan, y se aferran a nobles penas.

Tu último regalo, un adiós no pronunciado,
lo siento, sabes que no solo fuiste amado,
por eso ya no admito presentes robados,
cobarde despedida, para ti ha volado.

Sonia Arias López.
Lugo- España

Mueres mintiendo

Dominas la brisa que enredaba mi cabello,
la misma que viajaba con tu perfume bello,
domas mi aire, vences su fuerza cruel contra mi piel,
vuela impecable, coloca en mi pecho tu amor fiel.

Desea no retornarme holas que fallecen
en despedidas, lamentando ver cómo crecen.
Suspira por resistir en mi fiel pensamiento,
batalla ganada si aceptas que hoy no miento.

Conquista mi lienzo húmedo de aquel amor seco,
el permiso de mi alma ya no estafa ternuras,
aquel llanto pierde sonrisas, de nuevo peco,
ya no hay sensatez, convierto en puras tus torturas.

Háblale a tu carencia de lo que yo poseo,
critica con ella lo robado con permiso,
si pactas mentiras, dispones de las que no creo,
si le explicas verdades, regalo lo preciso.

Sonia Arias López.
Lugo- España

Designios

Poeta nací
Poeta crecí
Poeta viví
Poeta no fui
Poeta morí
cuando te conocí

La puerta tumbé
cuando el miedo se fue
un paraíso encontré
y la bestia lloró…

Poeta nací
Poeta crecí
Poeta viví
Poeta moriré.

Teresa González
El Salvador

Abanico de chispas

Alas blancas en la encumbrada esfera
impactada por el beso de madera
del bate cuarto de la infancia…
Humareda de preseas en los alumnos surcos
relamieron la poesía en las quince primaveras
Estrellas enredaste
vida en sus cabellos
y de las espinas no blindaste
su ingenuo corazón…
Un vestido acorazado
en el camino se ha calzado
y la conciencia ha preguntado:
¿Eran necesarias las heridas?

Teresa González
El Salvador

Conocí este Siglo

Conocí este siglo
de verdes praderas aún
sonriéndole al polvo de mis pasos

Le conocí
cuando adiós decía
mi amor por tu abismo

Conocí este siglo
besándome de frente
sus brazos de luz

Le conocí
en telarañas navegando
que realizaron mis sueños

Conocí este siglo
acariciándome el rostro
su mirada materna

Le conocí
estrenando nueva era
de atomizados perfumes, maduros.

Conocí este siglo
trasmutando energía
con los demás seres vivos

Le conocí
cuando conocí la ruta
hacia mi felicidad.

Conocí este siglo
preparando mis alas
a la señal de sus oráculos

Le conocí
regalándome el cielo
clonada mi piel

Conocí este siglo
buscando mi rumbo
con los ojos abiertos

Le conocí
disipando enigmas
amando la vida

Conocí este siglo
tenazmente sonriéndole
a mi verso azotado

Le conocí
transfigurando quimeras
para volver a vivir.

Teresa González
El Salvador

Allá

Extasiando el corazón con el crepúsculo
mis ojos han pintado una rosa roja
ante tu enigma cielo
mientras loca he danzado
sobre el blanco de tu nieve gaseosa
y me he perdido en tus encantos
para cantarte con la encantada
voz de mi utópico canto.
Sé, que vasto es tu misterio,
basta, mi mirada
sobre la eternidad de tu existencia,
vastas, mis preguntas;
pocas, mis palabras.
Ah, quien pudiera besarte
y regresar hechizado
para pintarte cada tarde
con el ansioso pincel de tu embrujo
sin desangrar el suspiro en la palabra.

Teresa González
El Salvador

Lexington 63

Hay pisadas silentes a mi lado,
hay un vaho a humedad, a sudor.
Moho en las vías de un tren cercano,
mis tacones sobre la plataforma sin color.

Hay pasos que no reflejan mi huella,
un alarido ronco que busca mi cantar.
Mis ojos andan sedientos de luna
mientras el aroma de lavanda se impregna en mis dedos.
¿Dónde estás?
Oh vida silvestre donde te escondes
palmeras de la marea tropical,
donde oscurecen junto a ti azucenas
y las cuencas de un río
acarician tu pensar?

Se me escapan las razones,
se apacigua el corazón.
Veo cien lucecitas tiritando a lo lejos,
solo una sobre mi balcón.
Ciudad nueva te llaman,
ciudad vieja ya para mí.
Ando en Lexington estacionada
esperando la vida
que corre sin venir.

Yasmar Cruz
Puerto Rico

Ando

Con el rostro erguido,
los ojos hinchados,
los cabellos sueltos,
la risa de lado.

Andas,
con las manos secas,
las caricias rotas,
las pupilas anchas,
y las penas pocas.

Ando,
con el canto alegre,
la calma adosada,
los labios salados
y las cejas claras.

Andas,
con el palmo abierto,
con sombra de aliento,
con el pecho incierto,
con sueños de viento
ando.

Yasmar Cruz
Puerto Rico

Regresarás

Como el sol que amanece,
la hoja que retoña,
el pasto que crece,
la tristeza honda.

La eterna golondrina,
las nubes pasajeras,
la letanía, la espiga,
las fantasías ligeras.

Regresará el pensamiento
a rondar la morada,
se anidará entre las glándulas,
repetirás la llamada.

Así como la hoguera,
esparciendo su calor,
regresas a la puerta
sediento de pasión.

Yasmar Cruz
Puerto Rico

Beberme el Sol

Quiero beberme el sol en tus labios,
amanecer vestida de luna,
ser rocío entre nubes y estrellas
aplacar de una vez la amargura.

Ser duna rellena de besos,
desbordándose en la tarde
montarme en el vagón sin regreso
de las caricias constantes.

Quiero beberme el sol en tu boca,
sentir como estalla en el vientre
extasiarme de fragancias nuevas
que simulen amor que no miente.

Voy a robarme los rayos vida,
escribir una historia coherente
que revele maravillas
de negativos dolientes.

Yasmar Cruz
Puerto Rico

Índice por Autores

Autores	*País*	*Pág*
Alejandro Vivas Ramírez	Venezuela	9
Armando Arzalluz Carratalá	Cuba-España	13
Beatriz Villar	Argentina	17
BertaNicteBautista Navarrete	México	21
Beto Brom	Israel	26
Carmen Ballester	España	30
Cesar Tellería	Argentina	34
Elsy Alpire Vaca	Bolivia	40
Gloria Trejo	México	44
Gustavo Consuegra Zalórzano	Finlandia	48
Ingrid Zatterberg	Perú	54
Irís del Valle Ponce	Venezuela	60
Ignacio González Tejeda	México	65
Juan Javier García Aragón	México	69
Laura M. Granado	Argentina	77
Lucía Pastor	España	81
Ma. de los Ángeles	Cuba-España	87
Magali Aguilar Solorza	México	91
Marcela Iscaló	Colombia	95
María Dolores Suarez	España	98
Mª Lourdes Hernández Fuentes	México	102
Marta Garcés	España	106
Nuria de Espinosa	España	110

Antología Poética

Norma Alicia Estuard	Argentina	. . . .	*115*
Reme Gras	España	. . . .	*119*
Robert Allen Goodrich	Panamá-EE.UU	. . . .	*123*
Rogerio Dias Deziderio	Brasil	. . . .	*128*
Silvio Daniel Gómez	Uruguay	. . . .	*134*
Sonia Arias López	España	. . . .	*139*
Teresa González	El Salvador	. . . .	*143*
Yasmar Cruz	Puerto Rico	. . . .	*148*